Mensajero De Los Guardianes

Un Viaje Psiquico Hacia La Comunicacion Angelical

por

Martín Crespo

authorHOUSE®

AuthorHouse™
1663 Liberty Drive, Suite 200
Bloomington, IN 47403
www.authorhouse.com
Phone: 1-800-839-8640

First published by AuthorHouse 5/13/2008

ISBN: 978-1-4343-7067-9 (sc)

Library of Congress Control Number: 2008904430

Printed in the United States of America
Bloomington, Indiana

This book is printed on acid-free paper.

Este libro está dedicado a mi esposa y a mi hijo, quienes me inspiran diariamente a alcanzar las estrellas. A todos aquellos individuos quienes creyeron en mí y me dieron el valor de creer en mi trabajo. También quiero reconocer a nuestros ángeles Guardianes, aquellos seres bellos de luz y amor, que constantemente nos rodean con amor incondicional

Indice

Introducción

A medida que el hombre continúa evolucionando, también crece su deseo de conocerse a si mismo, especialmente su espiritualidad. Hemos llegado a un punto donde deseamos ver y entender el panorama total y no sólo partes de él. Algunos científicos, físicos e ingenieros investigan arduamente la composición de nuestro planeta, mientras que otros continúan buscando los potenciales de vida ilimitados en nuestros océanos y en nuestra galaxia. Muchos de nosotros hemos dejado de tratar de alcanzar las estrellas y hemos comenzado a buscar dentro de nosotros mismos con el fin de contactarnos con nuestras almas. Estamos viviendo en la era más enigmática del descubrimiento espiritual. Finalmente, nos estamos dando cuenta de la importancia de conocernos a nosotros mismos para descubrir la naturaleza de nuestro ser espiritual. Hemos avanzado por siglos buscando conocimiento en áreas de tecnología, espacio, medicina y temas generales en nuestro mundo físico. Ahora estamos recibiendo instrucciones de un ser superior para detener nuestra búsqueda hacia el universo y comenzar a buscar dentro de nosotros mismos. Estando en la era de Acuario, estamos expuestos a un nuevo y más alto sentido de la vida, una vida que no es física si no más bien espiritual. Mientras algunos de nosotros continuamos destruyendo nuestros recursos, combatiendo en guerras por diferencias de opiniones, tratando de ascender clases sociales y económicas, otros nos hemos aventurado en la búsqueda de nuestra misión y reconocimiento de nuestra alma.

En los últimos veinte años, la humanidad ha sido bombardeada por llamadas espirituales y religiosas. Se han reportado apariciones de la Virgen Maria por todo el mundo independientemente de las creencias religiosas. La fascinación por temas sobre los ángeles, sobre Dios y sobre el demonio ha sido mucho más popular en los últimos diez años en películas, programas de televisión, libros y conferencias. Nos hemos dado cuenta que no podemos seguir evolucionando a menos que busquemos un guía externo. Ahora este guía está tratando de acercarse a nosotros como nunca antes había sucedido en la historia de nuestro planeta. Finalmente, estamos aceptando nuestro papel como una extensión de nuestra Energía Suprema así como también estamos comprendiendo la importancia del amor y la necesidad de su sobre vivencia. Mientras estamos siendo guiados por seres maravillosos de luz y amor incondicional, esperamos contactarnos con nuestros ángeles, con la finalidad de alinearnos con nuestra misión como individuos y como consciencia de grupo.

Desde los siete años he estado involucrado en encuentros psíquicos y espirituales y unos cuarenta años mas tarde, me he dado cuenta que no todas mis experiencias fueron precisamente para mi propio crecimiento, sino para crecer independientemente como planeta. Debido a todas las experiencias extrañas que venía confrontando en mi juventud, me vi forzado a cuestionar mi estabilidad mental. Siempre supe que estaba siendo observado y guiado a través de todo el proceso. En mi lucha interna para entender mis miedos y mis dudas, me aparté del mundo porque sentía que no pertenecía a él. Ahora, después de muchos años enseñando a otros sobre la espiritualidad y temas metafísicos, he llegado a la conclusión que no era realmente diferente a los demás. Finalmente, comprendí que yo estaba más abierto a ciertos encuentros y esta habilidad tendría un propósito en mi futuro.

Los años que he estado viendo y comunicándome con ángeles, en particular Angeles Guardianes, me han llevado a escribir este libro. Escribo estas palabras para decirles a todos que nunca estamos solos y que nos aman incondicionalmente de una forma que nunca entenderemos y que cada uno de nosotros tiene un propósito de gran importancia en la vida. Después de muchos años de pasar información a miles de personas sobre sus Angeles Guardianes, acepté mi rol de mensajero. En este libro comparto pensamientos, experiencias y palabras de amor con la finalidad de eliminar nuestros miedos y confiar mas en nosotros mismos. Pero ante todo, escribo este libro para ayudarnos a entender cuan importantes somos para el futuro de nuestro planeta, para el futuro del plano espiritual y para el futuro de todas las dimensiones que nos llevan a nuestra *Energía Suprema*.

Capítulo 1

Despertando a la Espiritualidad

El nuevo milenio vino y se fue hace pocos años sin ninguno de los desastres tecnológicos o eventos de fin de mundo que se esperaban. En realidad algo dramático sucedió, pero no a media noche cuando entrábamos al nuevo año 2000. Sucedió lentamente pocos años antes cuando comenzamos a pensar en el nuevo milenio y lo que este traería a nuestro mundo. En vez de caos y catástrofes que acabarían con el mundo, se nos introdujo a una era de incógnitas y desilusiones. Increíblemente, hubo muchos individuos en este planeta que esperaban que la llegada del año 2000 les hubiera quitado sus vidas. Esto les hubiese dado a ellos una razón para excusarse a sí mismos de las responsabilidades y dificultades que no querían experimentar más. Otros enfrentaron este cambio como una oportunidad para presenciar un despertar a la espiritualidad, pero quedaron desilusionados. Para ellos, este despertar espiritual que nunca llegó, los dejó con la incógnita de que había pasado

Como Dios no nos despojó de nuestras responsabilidades y los desastres tecnológicos no sucedieron, esto nos obligó a analizarnos. Nos dimos cuenta que ni Dios, ni la tecnología, iban a facilitarnos las cosas mas de lo que ya lo eran antes del año 2000. También nos dimos cuenta que para continuar sobreviviendo teníamos que buscar nuevas directrices. Esto fue uno de los mejores regalos que nosotros pudimos haber recibido. Como seres humanos, hemos sido forzados a buscar alternativas para tomar el control de nuestras vidas. Sabiendo que no nos iban a dejar un paquete de regalos a la entrada de nuestras casas, tuvimos que tomar la iniciativa de dejar de depender de otros o del mundo exterior y encontrar las respuestas dentro de nosotros mismos. Finalmente, fuimos forzados a madurar.

Como psíquico, también estuve atrapado en este período de preguntas e incógnitas y pensé que debería de haber recibido alguna información. Me sentí defraudado porque no se me enseñó, ni me avisaron con anticipación, sobre los nuevos sucesos que vendrían. Como casi todos los psíquicos te dirán, todavía falta descubrir esa fuente mágica de los conocimientos. Recibiendo preguntas de mis clientes, amigos, miembros de la familia y de la gente que asistía a mis conferencias, me di cuenta que algo realmente había cambiado. ¡La humanidad había cambiado! Viéndome a mí, como un hombre que tenía acceso a eventos del futuro, la gente quería respuestas directas. Ellos no querían una respuesta general, sino un tipo de respuesta detallada que les diera pruebas y les satisfasciera. Yo podía percibir la urgencia en su tono de voz pero no podía comprender porque también estaba rodeado por rabia. Unos meses mas tarde, mientras nos acercábamos al año 2001 comprendí finalmente que algo había cambiado. A medida que el año transcurría, mis clientes continuaban exigiendo más y más de mis sesiones, obligándome a exigirme más a mí mismo. Sabía que mi trabajo con los ángeles Guardianes había adquirido un significado mas profundo.

No me estoy refiriendo a los ángeles Guardianes que han caminado en la ciudad de Nueva York por años ayudando con la epidemia de crímenes. Me estoy refiriendo literalmente a ángeles, esos seres flotantes de luz y de amor, que nos cuidan a todos durante el transcurso de nuestras vidas. Este fue el regalo que el destino puso sobre mi, la habilidad de ver y comunicarme con los ángeles Guardianes de la gente desde que yo era un niño. El conocimiento que me llegó a finales del año 2001, fue que yo no estaba aquí sólo para darles respuestas a personas de parte de sus ángeles, sino también estaba aquí para darle mensajes a la humanidad. La humanidad estaba lista para cambiar y quería instrucciones detalladas, paso por paso, para crear este cambio. Mientras mas hacía sesiones individuales, normalmente llamadas "consultas," mejor entendía que muchas de las respuestas que los ángeles Guardianes les estaban dando a estas personas aplicaban a todos nosotros, incluyéndome a mi mismo.

Mi vida también estaba pasando por muchas transiciones como la de muchos de mis clientes. Estaba pasando por dificultades económicas, cambios de trabajo y asuntos relacionados con mi vida amorosa. Comencé aplicándome algunas de las estrategias que los ángeles les estaban diciendo a mis clientes. Repentinamente, percibí un nivel mas alto de claridad y de entendimiento que nunca antes había experimentado en mis cuarenta y dos años de vida. Tuve que tomar algunas decisiones muy importantes y necesitaba tomar el control y reordenar mi vida. Las cosas comenzaron a encajar en su lugar mucho mas fácil, sentí que me quitaba un gran peso de mis hombros y no pude culpar a nada ni a nadie por los asuntos negativos de mi vida. Me di cuenta que ni Dios, ni mi familia, ni la vida en general tenían nada que ver con el estado de existencia en el cual yo me encontraba. Las decisiones, los miedos, los problemas de aceptación, de salud, los bloqueos de comunicación y muchas otras áreas de mi vida las cuales inicié y controlaba, habían jugado un papel muy importante creando a la persona en que me había convertido.

Repentinamente, me interesé más y más en lo que estos ángeles Guardianes le estaban diciendo a mis clientes porque entendí que se me estaba dando el privilegio de oír una información muy valiosa capaz de cambiar vidas. También observé las confirmaciones que mis clientes me estaban dando en relación a la información que ellos habían recibido. Constantemente estos individuos se iban de mi oficina llorando de alivio, como resultado de su propio nivel de entendimiento y claridad. Esta fue la misma claridad que yo también estaba experimentando mientras continuaba siguiendo las pautas trazadas por nuestros ayudantes angelicales.

El reto que se me presentó en ese momento era mi capacidad de retener tanta información que los ángeles me estaban dando y organizarla en una forma constructiva. Después de hacer consultas por muchos años, presenté un pedido a mi propio Ángel, el cual me hace difícil capturar y retener toda la información que he proporcionado durante una consulta. Cuando comencé a hacer consultas, recordaba palabra por palabra todo lo que se discutía en cada sesión. Yo me considero una persona muy sensible y regresaba a la casa muy preocupado por el adolescente que estaba sufriendo de cáncer o el pobre señor que había perdido a su hijo en un accidente de tránsito, sin mencionar a la señora que tenía cincuenta y seis años y decía que nunca en su vida había sentido o experimentado el amor. Después de años llevándome a mi casa los asuntos personales de otra gente y sus preocupaciones, le pedí a mi Angel si ellos podían borrar casi toda la información que yo les daba a mis clientes y la que oía con ellos. No quería llevarme a mi casa este gran peso emocional. A través del tiempo, mi necesidad de retener toda la información discutida en mis consultas se hizo cada vez menor.

Yo recibo información del ángel Guardián, quien usualmente está parado detrás o al lado de mi cliente en forma telepática. Yo no recibo detalles palabra por palabra, sino el concepto entero en un párrafo grande en cuestión de dos o tres segundos. Esta información es mejorada con imágenes visuales que recibo así como también con emociones que corren por mi cuerpo. De repente quise retener todo lo que fue compartido en mis consultas para analizar y entender como los mensajes influyen en nuestras vidas. Les pedí permiso a algunos de mis clientes si podía copiar el cassette que normalmente yo les doy con la información de la consulta y comencé a oírlos mas tarde en mi casa. Comencé a juntar una serie de mensajes que pensé eran importantes para toda la humanidad. Decidí tomar lo que consideré eran los diez mensajes prioritarios y así escribir un libro simple e instructivo que el lector pudiera usar como manual para descubrir como tomar las riendas de sus vidas nuevamente. Este libro también los ayudará a cambiar los malos hábitos que todos tenemos, cuando se trata de cambios en nuestra vida. Como seres humanos, tenemos la tendencia de calificar los cambios como experiencias negativas conectadas a puertas que tienen trampas escondidas.

Espero llevar al lector en un viaje en el cual mientras lee estas palabras, pueda sentirse como si estuviera en mi oficina con su Ángel Guardián, en lo que pudiera ser una sesión maravillosa en el descubrimiento de si mismo. Cada uno de los mensajes es la continuación del anterior y tu habilidad de aplicarlos a tu propia vida es lo que va a hacer de este viaje un éxito.

Estamos viviendo un momento en el cual nuestra fe está siendo probada de muchas maneras. Las bases de una religión organizada parecieran estar tambaleándose y ha surgido el deseo de un crecimiento individual espiritual. Recuerda que la espiritualidad es la ansiedad individual de descubrir a tu Dios en asociación contigo mismo, mientras que la religión es una experiencia de grupo a veces controlada por una o por muy pocas personas. Estamos caminando hacia una nueva era de información y recursos. Estamos entrando en un mundo de búsqueda y compasión del alma como nunca antes y necesitamos decidir si queremos participar en este viaje. Deja que tu propio Ángel Guardián te guíe, todos tenemos uno y deja que él enfatice en tu corazón el mensaje o mensajes, que te ayudarán lo mejor posible.

Hay muchos niveles de ángeles que han existido a través del tiempo. Este libro está enfocado en los mensajes de nuestros ángeles Guardianes, nuestra armada de soldados de amor los cuales están dedicados a nuestro crecimiento individual. Entiendan que cada uno de estos mensajes tiene suficiente información de tal manera que cada uno puede ser un libro por separado. Yo simplemente estoy escribiendo brevemente acerca de cada mensaje. Hay otros mensajes de los ángeles que he decidido no incluir en este libro, porque ellos están enfocados hacia eventos del futuro y los ángeles piensan que se deberían revelar más tarde. Nuestros ángeles simplemente quieren que nosotros sepamos cuanto nos aman y lo capaces que somos de vivir en armonía en este complicado mundo que hemos creado. El próximo capítulo está dedicado a responder muchas de las preguntas que tenemos tratando de entender a los ángeles Guardianes. Entonces ajústense los cinturones porque pueden pasar por caminos empedrados durante el viaje pero toma en cuenta que tu copiloto es tu Ángel Guardián que está sentado a tu lado. Con este copiloto aterrizarás suavemente aunque las cosas quizás no serán las mismas cuando termines el viaje.

Capítulo 2

Angeles Guardianes

En este capítulo espero dar una idea de la estructura de nuestros ángeles Guardianes y responder a las preguntas que tantas veces me hacen. Para comenzar, no solamente los individuos escogidos y que son especiales tienen un ángel Guardián, todos los seres humanos tienen su propio protector espiritual. Tu Angel Guardián siempre estará a tu lado durante toda tu vida sin importarle raza, color, religión o creencias personales. Este ser de amor nunca cambiará ni te abandonará porque ha sido asignado a tu existencia y continuará esparciendo su amor y sabiduría en tu corazón, mente y alma con una pasión ininterrumpida y sin condiciones. Hay otros seres en el reino espiritual que también entran en tu vida para prestarte ayuda o darte más información en ciertos momentos. Yo quisiera referirme a ellos como maestros y guías espirituales. Ellos son miembros de tu familia y amigos que han muerto, otros niveles de ángeles que tocaron nuestras vidas temporalmente y maestros espirituales que conviven en varios planos espirituales.

Toda la información que te daré proviene de años de comunicación con los ángeles Guardianes de personas que he conocido a través de consultas personales, charlas, clases, seminarios o sanaciones que he llevado a cabo en algunas personas, en mi mismo y en experiencias inesperadas que han cambiado mi vida. He reunido las preguntas más comunes de la gente que quiere claridad o un mayor entendimiento de sus ángeles Guardianes, aquellos que simplemente desean trabajar con sus propios ángeles Guardianes y por supuesto, aquellos que son escépticos a su existencia en general. ¡Recuerda que muchas de estas respuestas vienen directamente de los mismos ángeles Guardianes!

¿Cuándo decide mi Angel Guardián conectarse con mi existencia?

Para poder contestar esta pregunta, necesito primero explicar lo que nos sucede cuando morimos. Todos jugaremos el mismo papel cuando llegue nuestro momento. Todos dejaremos nuestro cuerpo físico y pasaremos a una forma espiritual cuando dejemos de vivir. Independientemente de la forma en como mueras, de lo que hiciste y de lo que no hiciste cuando estuviste vivo, nada te exonera del proceso. Al aceptar nuestras muertes, haremos una evaluación de nuestra existencia basada en una revisión rápida de todas las experiencias que hemos vivido en la forma humana. La belleza de esto es que nuestro creador o Dios, a quien me referiré de aquí en adelante como la Energía Suprema, nos permite juzgar nuestra propia vida. Cuando nosotros dejamos de vivir entramos a un nivel de existencia espiritual en el cual no podemos esconder nada de nosotros mismos. Consecuentemente, reconoceremos todos nuestros errores y nuestras malas decisiones, así como también lo bueno que hemos hecho.

A continuación entraremos al reino espiritual, el cual se siente más comúnmente como un viaje a través de un túnel de luz pura. Al pasar al otro lado del túnel, nuestros seres amados y otros seres bellos de luz y amor que ya han cruzado este portal antes que nosotros, nos estarán esperando para saludarnos. La parte final del proceso de muerte es donde acumulamos lo que hemos aprendido de nuestra mas reciente vida física y decidiremos en que áreas no alcanzamos a realizar misiones importantes o en que situaciones nuestras vidas quedaron inconclusas y vacías. Nos tomamos nuestro tiempo para diseñar un nuevo plan de juego y un nuevo propósito para una nueva vida física, que le dará a nuestra alma una sensación de realización. Resolveremos todos los detalles, incluyendo la gente con quien queremos estar conectados desde el momento de nuestro nacimiento, el lugar donde queremos entrar en este planeta y todas las experiencias que creemos serán necesarias para que nuestra alma evolucione aún más. El único defecto de este gran plan, es que una vez que nacemos, toda esta información pasa a nuestro subconsciente y no recordaremos nada.

Aquí es donde tu Angel Guardián viene a ejercer su labor en tu vida. Justo antes de que tú nacieras y basados en lo que queremos alcanzar o experimentar, tu Angel Guardián se une a ti para que entres en tu forma física. Ellos están aquí para ayudarte a alcanzar lo que has escogido hacer. Ellos tienen acceso a la misión y objetivos de tu vida, los cuales ya no están en tu consciencia. Hay que tomar en cuenta que el tiempo como lo experimentamos y conocemos nosotros, no existe en el reino espiritual. Tu Angel puede estar contigo cuarenta, cincuenta u ochenta años sin ningún problema. Esta explicación del proceso de muerte es muy real para mí porque una vez mientras batallaba serios problemas de salud, pasé por una experiencia muy cercana a ella. Tuve la oportunidad de experimentar estos pasos previos a la muerte. Fue un una experiencia muy positiva y como las otras personas que han pasado por esto, me fue difícil dejar esa dimensión de amor y regresar a la forma física. Me dijeron que mi misión no había comenzado aún y que necesitaba regresar al mundo físico.

¿Está mi Angel Guardián conmigo cada segundo de mi vida?

Tu Angel Guardián está conectado con tu alma cada segundo de tu vida. Esto significa que no necesariamente tiene que estar a dos pies de donde te encuentras veinticuatro horas del día para poder llevar a cabo su trabajo contigo. Ellos existen en un plano o dimensión espiritual donde se pueden comunicar y relacionar con otros ángeles, mientras también observan tu desarrollo. Los ángeles también trabajan en su propio desarrollo a un nivel mucho más alto. No quiero que pienses que mientras tomas una ducha caliente y larga, tu Angel está sentado cerca de tu bañera diciéndote, "¡bueno, bueno, vamos, que tenemos cosas que hacer!" Ellos están a tu lado mientras estás haciendo tus tareas diarias y algunas veces están ocupados con sus propios deberes. Recuerda que cuando tienes miedo, te sientes perdido, herido, bravo o pasando por cualquier experiencia difícil, ellos están a tu lado para ayudarte a superar cualquier obstáculo que se pueda presentar en tu camino.

¿Está mi Angel Guardián relacionado conmigo? ¿Podría ser un abuelo o cualquier otro miembro de la familia?

Noventa y nueve por ciento de las veces no hay conexión entre tú y tu Angel Guardián. En raras ocasiones puede que exista una conexión relacionada con algún incidente de una vida pasada. Como mencioné antes, ellos están contigo justo antes de que tú nacieras en forma física. Por ejemplo, si tu abuelo murió cuando tenías dos años, el no pudo haber sido tu Angel Guardián. El pudiera ser uno de los muchos espíritus guías que pudieran entrar en tu vida en diferentes ocasiones. Tu Angel Guardián, al igual que nosotros, evoluciona y obtiene información en ciertas áreas más que en otras. Basado en lo que escoges como experiencias para esta vida, tu Angel te escoge a ti de acuerdo a su área de destreza.

¿De dónde exactamente vienen los ángeles, existen diferentes tipos de ángeles Guardianes?

Algunos de nuestros ángeles ganan esta responsabilidad o posición y otros han escogido dicha responsabilidad desde el principio de todos los tiempos. Aquí es donde necesito que mantengas tu mente abierta. Cuando la vida fue creada hace más de mil millones de años, la Energía Suprema se separó de toda la energía omnisciente con el fin de ganar experiencia propia. En otras palabras, Dios o la Energía Suprema, tenía todo el conocimiento pero carecía de la experiencia para obtenerlo. Por ejemplo, digamos que mañana te levantas y puedes tocar el piano como un profesional, aunque nunca te has sentado en frente de uno en toda tu vida. Sí, es una gran habilidad, pero carecerías del mecanismo de aprendizaje que te hubiese llevado a poseer esa destreza. Muchos niveles o dimensiones fueron creados por la Energía Suprema para adquirir esta experiencia, desde un plano superior espiritual hasta los niveles inferiores humanos en los cuales existimos.

A medida que estos niveles o dimensiones fueron creados, algunos escogieron estar en un nivel superior, mientras otros se arriesgaron y fueron a un nivel mucho más bajo en este plan evolutivo. Varios reinos o niveles angelicales fueron creados. En uno de estos niveles algunas divisiones de ángeles fueron creadas para que su responsabilidad principal fuera dar asistencia a los humanos a través de toda su vida. Estos son actualmente nuestros ángeles Guardianes. Otros fueron creados para relacionarse con los humanos a intervalos diferentes, en vez de dedicarle toda su energía a un individuo en particular. Estos ángeles han existido a través del tiempo para hacer exactamente eso, ayudar a los humanos de una manera u otra a lo largo de sus vidas. Aquellos que escogieron trabajar solamente con una persona son a los que yo me refiero como ángeles Guardianes.

Tenemos también ángeles que se han graduado o han escalado a esta posición. Todos nosotros como seres humanos, tenemos el derecho de alcanzar un punto en nuestras vidas cuando llegamos a la muerte y evaluamos nuestra existencia, donde reconocemos que no necesitamos regresar nuevamente a experimentar otra vida humana. La teoría de regresiones y vidas pasadas ha sido probada una y otra vez. A medida que adquirimos más y más información de amor y de humanidad a través de varias vidas, eventualmente decidiremos no regresar. Una vez que la decisión es tomada, permanecemos en el mundo espiritual, con el tiempo y obviamente con más sabiduría, podremos decidir ser el ángel Guardián de alguien. Yo he tenido el placer de comunicarme con este tipo de ángeles Guardianes, quienes han vivido un sin número de vidas y deciden no regresar para así ayudar a otras personas durante su vida física. Esto no los hace a ellos menos poderosos o sabios que aquellos que nunca encarnaron en un cuerpo humano. De hecho, estos ángeles se pueden relacionar mejor con las condiciones difíciles que tenemos que enfrentar como seres humanos, porque ellos también han sufrido estas dificultades. Una cosa que he notado que me parece cómica, es la existencia de los que yo llamo "Angeles Guardianes Novatos" o aquellos que están trabajando con un ser humano por primera vez como su Guardián. La diferencia entre estos ángeles y los otros no es su conocimiento, sino su indecisión en darme información. Es casi como si ellos quisieran asegurarse que la información que ellos están suministrando es tan perfecta, que se hacen más evidentes las tardanzas y las pausas en sus conversaciones. También noto que la luz brillante de energía alrededor de estos "ángeles Novatos" es un poco más tenue que la de los ángeles Guardianes con más experiencia. Algo que es común y constante en todos ellos, es su amor incondicional.

¿Cuánto sabe mi Angel Guardián acerca de mí y puede cambiar mi destino?

Estas preguntas son muy interesantes. Tu ángel sabe más de ti que lo que tú sabes de ti mismo. Lo que esto significa es que ellos conocen todas tus debilidades, miedos, ambiciones, amores y destrezas, hasta lo más profundo de tu alma. Ellos no te juzgan para nada, en realidad ellos usan este conocimiento para ayudarte en tu misión en la vida. Ellos también saben que tienes un elemento de tu existencia humana con el cual nunca interferirían y ese es tu libre albedrío. Ellos nunca te obligarían a hacer algo que no quieres hacer, así como tampoco cambiarían las cosas en tu camino o en tu destino que son parte de tus lecciones aunque estén revestidas de miedo, de asuntos de salud, dificultades, penurias y retos. La razón por la cual ellos no interfieren en tu destino es porque estas experiencias son las que tú estableciste para el crecimiento de tu alma.

Tu Angel Guardián simplemente coloca a las personas, situaciones, experiencias, oportunidades y encrucijadas frente a ti, para guiarte en la dirección del conocimiento que solicitaste para esta vida. Tu libre albedrío permite conectarte o que ignores lo que ellos han colocado frente a ti. El libre albedrío y las decisiones que tomas en la vida te ayudarán a recibir los mensajes y a conectarte con tu misión o te obligarán a perder una valiosa lección en la vida. Tu Angel continuará tratando una y otra vez mas, aunque le tome toda tu vida presente para que adquieras finalmente esa experiencia o lección en particular. Lo que tu Angel también tratará de hacer es advertirte de cualquier peligro inminente o tratará de darte información relacionada con los cambios futuros en tu vida. Esto nos lleva a la siguiente pregunta.

¿Mi Angel Guardián intenta comunicarse conmigo?

La respuesta rápida a esta pregunta sería, ¡SI! Cada día de tu vida tu Angel está tratando de acercarse a ti. Por eso ellos se ponen tan emotivos durante mi consulta. Muchas veces tu Angel de la Guarda está más contento y emotivo de reunirse y compartir palabras contigo que tu mismo. Recuerda que ellos están contigo a lo largo de tu vida, disfrutando todos tus logros y sufriendo todas tus penurias. Finalmente, ellos pueden hablar contigo usándome como mediador sin interferencias. El amor que ellos desbordan en estas sesiones es tan poderoso que algunas veces se me salen las lágrimas y corren por mis mejillas. Durante el tiempo que estamos juntos en una consulta, estoy conectado con las emociones de tus Angeles y siento lo que tu Angel está sintiendo.

Además de mi habilidad de conectarte con tu Angel, existen otras formas con las que te puedes comunicar con él. Ellos usan los sueños como herramientas muy poderosas para comunicarse con nosotros. Ellos dan información, alertas, ideas o simples saludos en nuestros sueños. Cuando tienes un presentimiento, una sensación de que algo va a suceder, una intuición o una premonición, usualmente eso significa que tu Angel Guardián esta hablándote. Algunas veces oímos una voz interna susurrándonos, pero desafortunadamente la mayoría de las veces la ignoramos. Muchas veces esa voz es tu Angel. La meditación y la escritura automática son dos maneras de abrir comunicación con él. La meditación te permite filtrar y remover malos pensamientos que te pasan por la mente fortuitamente y sin orden. Te los separa de tu consciencia y te permite oír palabras sabias de tus Angeles. La meditación te permite también entrar en tu subconsciente, donde has depositado información relacionada con tus objetivos y con la misión de tu vida. Además de permitir liberarte del estrés, la meditación puede abrir un puente de comunicación continua entre tú y tu Angel.

La escritura automática es una técnica en la cual le permites a tu mente y cuerpo físico unirse y usar las palabras escritas como una forma de comunicación con tu Angel. La manera más fácil que me enseñó un socio, es simplemente dibujar una línea vertical en una hoja de papel en blanco. En la izquierda escribes cualquier pregunta que puedas tener y apenas recibas un pensamiento fortuito en la forma de una respuesta, escríbelo en la parte derecha de la línea. Aunque pareciera que lo estás inventando continúa de una pregunta a la próxima y no leas tus respuestas hasta que hayas terminado con todas tus preguntas. Con la práctica, lo que notarás es que algunas de las palabras o frases que has escrito en la parte derecha no son palabras o frases que tu usas en tu vocabulario de cada día. No esperes que tu Angel controle tu mano y que te obligue a escribir. Tienes que confiar en lo que viene a tu mente y simplemente escribirlo.

El desarrollo de las habilidades psíquicas que todos tenemos, por supuesto desarrollará aún mas tu habilidad de comunicarte con tu Angel Guardián. Confiar en tu intuición, hacer un régimen de meditaciones diarias, mantener un diario de tus sueños y prestarle atención a las llamadas coincidencias en tu vida, te ayudará a descubrir cuanta influencia tiene tu Angel durante tu día. El sonido de campanas, figurines de ángeles en la casa y simplemente querer oír a los ángeles, va a aumentar la habilidad de romper las barreras que existen entre nuestra dimensión y la de ellos.

¿Hay alguna diferencia de sexo, raza o color entre un ángel Guardián y otro?

En mis incontables experiencias y encuentros con los ángeles Guardianes he visto a ambos, ángeles femeninos y masculinos, de todos los colores, tamaños, razas y variedad de edades. Por favor entiendan que la apariencia física no tiene importancia para ellos, porque en realidad son seres de energía. Ellos nos muestran una imagen para relacionarse con nosotros. Realmente, ellos son andróginos, tienen un balance entre energía masculina y femenina en su ser espiritual. Algunos de los ángeles que han tenido reencarnaciones físicas se me aparecen con la imagen de una de sus vidas en la cual ellos se sintieron más fuertes o cuando alcanzaron más objetivos. Ellos escogen la edad en la cual consideraron que estaban en su mejor momento en esa vida en particular.

Algunos ángeles usan la imagen de la última reencarnación que tuvieron mientras estaban en este planeta. Por ejemplo, si la última vida física fue la de un hombre que vivió en 1.400 y que murió a los setenta años, el puede que use la imagen de esa vida cuando el se sintió mas fuerte, posiblemente a los treinta años. Aquellos que nunca han existido en forma humana, tomarán una forma que consideran sería la mas aceptable a la persona a quienes ellos cuidan. Lo que he notado es que la imagen de un ángel de la Guarda femenino, aparece sesenta o setenta por ciento de las veces. Yo pienso que esto se debe a que las especies masculinas no se han desarrollado en el área de la sensibilidad y la comunicación, mientras que las femeninas si lo han hecho. Sin tener nada en contra de los hombres, nosotros todavía no hemos dominado el arte de la comunicación.

De la misma manera que usan imágenes que le agraden a la persona, también usan nombres que ellos quieren que los llamen. Muchas veces cuando le digo a las personas en mi consulta el nombre de su ángel Guardián, me responden que ese es su nombre favorito, que es el nombre que siempre quisieron darle a un hijo si lo hubiesen tenido o es el nombre de un amigo o familiar que ellos quieren y admiran mucho. En las dimensiones de los ángeles no hay nombres. Ellos se relacionan los unos a los otros de una forma telepática a través de la vibración del amor. Nosotros como humanos dependemos de los nombres para diferenciar a un individuo de otro. Esto nos ha llevado también a la separación de la esencia entre un ser humano y otro. En el reino angelical se comienza a desarrollar un sentido de consciencia de grupo donde ellos existen como una unidad. Un día en nuestro reino físico, vamos a tener la oportunidad de trabajar juntos como una unidad.

¿Tienen todos los ángeles Guardianes el mismo entendimiento y recurso de información?

Nuevamente, la respuesta en una palabra es ¡SI! Todos ellos tienen acceso a nuestras vidas pasadas, nuestras emociones, miedos, eventos del futuro y a todos los niveles de experiencia que hemos alcanzado a través de nuestra existencia. Cuando me estoy comunicando con el ángel Guardián de las personas que vienen a mi consulta, no escucho una voz ni la información palabra por palabra, ni siquiera una oración. Lo que recibo durante la consulta es una vibración de energía que se conecta con mi corazón y mi alma y repentinamente me encuentro inmerso en todo un párrafo de información, sentimientos e imágenes visuales. Todo esto lo recibo en una vibración que toma de unos dos a tres segundos. Estas vibraciones se me presentan rápidamente una después de la otra, obligándome a hablar aproximadamente a unas noventa millas por hora. Tengo que capturar este pensamiento telepático, convertirlo en palabras para que mi cliente pueda entender y tratar de no perder ninguna información entre una vibración y otra. Es por eso que mi habilidad de interpretar esta información es tan importante, porque si me descarrilo debido a la velocidad de la información, la sincronización de ciertos eventos o la exactitud de la información pudiera ser alterada. A pesar de todo esto, la información que he recibido de las personas después de mis consultas es que están asombrados por la precisión de la información que recibieron. A mi también me encanta cuando mis clientes me confirman que sucedieron los eventos que había pronosticado en nuestras sesiones.

¿Por qué necesitamos a los ángeles Guardianes si el destino existe, no deberíamos simplemente seguir el plan Universal que se nos ha trazado?

El destino debe ser visto como el último objetivo. Hay un sin número de posibilidades de como alcanzar esta meta. Nuestros ángeles Guardianes nos ayudan a alcanzar este objetivo con la menor cantidad de percances y con el nivel más alto de experiencia. Siendo hombre, usaré un ejemplo del mundo de los deportes para ilustrar lo que esto significa. Tienes un equipo de fútbol y tu meta es ganar tantos juegos como te sea posible, llegar a las finales y ganar el campeonato. ¿Qué usamos para implementar este plan y hacerlo exitoso? Contratamos a entrenadores con diferentes niveles de experiencia. Algunos de estos entrenadores se enfocan en el entrenamiento físico, otros en la dieta, mientras otros se encargan de crear y enseñar diferentes tácticas y jugadas para usarlas durante los juegos. ¡Bueno, considera a tu Angel Guardián como el entrenador de tu vida!

¿Tienen los ángeles Guardianes personalidades diferentes?

Si, yo he visto todos los niveles de personalidades, desde aquellos que responden en una o dos palabras, los que son chistosos y tratan de compartir su sentido del humor en situaciones difíciles, hasta aquellos que son verdaderamente emotivos y gentiles y se toman su tiempo y gentileza para explicar situaciones difíciles en el futuro. Ellos saben que no es fácil sobrevivir en este planeta y por consiguiente nos transmiten sus mensajes de diferentes maneras. Algunos de estos ángeles se involucran tanto emocionalmente que a veces les pido que reduzcan la energía emocional que pasa por mi cuerpo energético y que se enfoquen mas en la información que tienen que darme. No es que sea malo de su parte, pero es que esto me drena de cuerpo y alma.

Para finalizar, ¿tienen alas nuestros ángeles?

Lamento desilusionarte pero no, no llegan a mi oficina ondeando sus alas. Sólo he tenido pocas experiencias en las cuales he visto alas en los ángeles, pero rara vez en un ángel Guardián. Ellos lucen como tú y yo, a excepción de la enorme luz brillante que emiten de su cuerpo. Pueden pasar desapercibidos entre nosotros si deciden hacerlo. Su edad promedio es entre los veinticinco y principios de los treinta años. ¡También he visto ángeles Guardianes a finales de su adolescencia, como también los he visto a finales de sus sesenta años!

La próxima parte de este libro creo que contiene la información más valiosa, consiste en diez mensajes que los ángeles Guardianes han compartido con muchas personas en todas mis consultas. He recopilado información, sabiduría y expresiones de amor muy bellas, compartidas en experiencias, historias, meditaciones y ejercicios. Espero que al leer y continuar este viaje angelical, tu corazón, tu alma y tu mente se expandan y que al mismo tiempo descubras mas de ti mismo. Espero ofrecerte las herramientas para ayudarte a liberar los obstáculos a tu alrededor y especialmente hacerte saber que nunca estás solo en este camino que llamamos vida. Tu Angel Guardián ha hecho posible que este libro caiga en tus manos y en mi opinión, nada ocurre por accidente. Tu Angel Guardián puede ser tu amigo más cercano, tu compañero de trabajo, tu entrenador, tu fuente de inspiración y tu conciencia mientras se lo permitas. A medida que leas y trabajes con estos mensajes, trata de verte como lo que eres, un ser espiritual sin límites. Los mensajes no están en ningún orden de importancia específico porque cada uno de ellos tiene su valor único en nuestra existencia.

Capítulo 3

Primer Mensaje: Miedo

Hay un común denominador que resalta en cada cliente que decide llamarme y hacer una cita para hablar con su Angel Guardián. Todos ellos sienten un gran miedo en sus vidas. No es miedo de conocer a su ángel, sino un miedo interno relacionado con la vida en general. En realidad todos tenemos miedos en nuestras vidas, simplemente nos adaptamos y tratamos de esconderlos. De manera que por favor piensa que es normal despertarse en la madrugada, preguntándote como vas a pagar las cuentas y como vas a sobrevivir un día más con el dolor que tienes en la espalda o si la persona que está durmiendo a tu lado va a continuar queriéndote en los próximos diez años. También existe la posibilidad que al conocer a tu Angel, tendrás miedo de que te reprenda o te regañe por tu comportamiento en el pasado. Relájate que ellos nunca hacen eso. Están aquí para guiarnos y no para castigarnos. A través de las miles de consultas que he tenido hasta ahora, el miedo juega un papel muy importante y desafortunadamente es destructivo.

Tu Angel te explicará que el miedo nunca fue diseñado para ser parte de nuestra naturaleza humana. El miedo es la fuente de energía menos productiva con la que nos podemos conectar. La humanidad ha permitido que florezca al punto de controlar mucho de lo que hacemos y decimos en nuestras vidas. A nosotros no se nos dio el miedo cuando entramos en este mundo, mas bien el miedo nos fue enseñado por la sociedad, por nuestros padres y también por la incapacidad que tenemos para aceptar cambios. La razón principal por la cual el miedo es tan destructivo es porque va en contra de una de las fuerzas más poderosas que tenemos disponible. Esa fuerza poderosa conocida como amor es removida cuando te rindes a los miedos. ¡La negatividad que el miedo tiene sobre todos nosotros puede eventualmente ser tan fuerte que pasa de una vida a otra!

Desde el principio de todos los tiempos, el hombre se ha retado a si mismo para evolucionar y durante este proceso de tratar de ser mas civilizado y tecnológicamente avanzado, ha retrocedido en varios intervalos debido al miedo. El miedo crea duda, que a su vez genera falta de fe y se convierte en energía estancada. Durante millones de años el miedo ha forzado a la humanidad a esconderse en las sombras y a preguntarse quien está en control y quien está dirigiendo el espectáculo. Debido a nuestras limitaciones físicas frente a la naturaleza o a los animales gigantes que pudieron habernos destruido o a los errores que cometimos una y otra vez, desarrollamos un sentido de precaución y preocupación desde los tiempos de las cavernas. Esta cautela y preocupación escalaron hasta que la convertimos en miedo. Después de haber experimentado el miedo varias veces, fue necesario preparar a los demás y a nuestros niños con anticipación.

La humanidad comenzó a enseñarle el miedo a los jóvenes desde temprana edad durante su desarrollo, pensando que los estaban preparando para evitar el peligro. Ellos sabían muy poco que estaban programando a estos jóvenes a anticipar el miedo aún cuando no había razón para ello. No entendíamos que el miedo no era parte de nuestra experiencia normal de nacimiento, pero al introducirlo, estábamos creando un nivel de limitación en nuestra existencia. Por ejemplo, un niño pequeño no muestra miedo cuando se golpea o se hiere. El niño llora del dolor y de la molestia que recibió en el momento del incidente. Los padres enseñan al niño la posibilidad de un mayor dolor si hicieran esto nuevamente. En otras palabras se les dice, "Mantente lejos de aquel gabinete porque la próxima vez el gabinete entero te puede caer encima y terminarás en el hospital con una pierna quebrada en vez de un simple corte en la rodilla". ¡Como puedes ver los padres son psíquicos y saben muchas cosas peores que pueden ocurrir por adelantado! Tú y yo vinimos a este mundo con el deseo de experimentar. Este deseo es la razón primaria por la cual nosotros entramos a una nueva vida. La experiencia trae confusión y cambios y estos son en realidad cosas buenas. Si estás confundido acerca de algo, esto significa que estas balanceando ideas, pensamientos y emociones y a esto le llamamos ser humano. Si se te presentan cambios, esto significa que nuevas oportunidades y experiencias se te están dando y necesitas descubrirlas.

Tu Angel Guardián te explicará que hay dos niveles de miedo con los cuales nos relacionamos principalmente. El primero es el miedo de una acción o proceso y el segundo es un miedo predeterminado e implantado dentro de nosotros. En este capítulo nos enfocaremos en el segundo. Este el que está paralizando a la humanidad hoy en día en todos los niveles de la vida. Los hombres y mujeres en general se sienten incapaces en varios momentos de sus vidas debido a las altas demandas impuestas por la sociedad. Estos sentimientos de incapacidad pueden estar relacionados con las áreas de atracción física, nivel de ingresos, rangos de poder, niveles de clase social, e inclusive con el conocimiento religioso y espiritual. Tenemos la tendencia de juzgarnos de acuerdo a lo que vemos a nuestro alrededor en vez de lo que llevamos por dentro.

Vivimos en una época en que estamos bombardeados por imágenes visuales. La televisión está siendo vista mas que nunca, especialmente por los niños y los adolescentes. Los temas distribuidos en nuestras pantallas de televisión muestran violencia, poder, ejemplares perfectos de anatomías humanas y programas que inspiran miedo. Muchos de nosotros vemos nuestras vidas como fracasos debido a las expectativas que nos inculcan un sentido distorsionado en lo que se refiere a las verdades y a los valores en nuestra sociedad, también debido a miedos creados por nosotros mismos. Una vez que desarrollamos una falsa percepción de que los otros son mejores, comenzamos a enfocarnos en nuestros defectos y lo que es aún peor, los reforzamos. Así que si se trata de esas veinte libras que tienes de más, la incapacidad de hacer ciertas actividades físicas, fracasos de pareja o falta de ingresos, nos damos cuenta que todo esto sucede porque es necesario un cambio. No te enfoques en eso, ni alimentes el resultado, mas bien ábrete al cambio que se te presenta.

CAMBIO>>>>>ESTRES>>>>>LIMITACION>>>>>>>>MIEDO

Hay una secuencia en la cual el miedo se crea y se transmite a nuestras vidas, dicha secuencia se origina por el cambio. Todos somos criaturas de hábitos y de comodidades. Haremos todo lo posible para desarrollar una rutina en la cual nos sentimos seguros, queridos, protegidos y en control. Una vez que establecemos esta zona de comodidad, no queremos que se nos altere la rutina ni que se nos obligue a cambiar. Los cambios en nuestras vidas nos conducen a hacer algo completamente diferente. Una vez que hemos establecido nuestras normas y un nivel cómodo de vida, crear un cambio nos trae un desbalance, especialmente porque los cambios nos obligan a hacer algo nuevo. Cualquier actividad nueva usualmente crea un nivel de estrés porque necesitamos ser perfectos conforme a lo que hablamos anteriormente en relación al juicio propio. También aprendimos por nosotros mismos y por la sociedad a actuar de cierta forma, a hablar y a vestirnos de cierta manera y a participar en ciertas actividades sociales. Como criaturas que vivimos en sociedad, cuando nos encontramos en una situación nueva en la que nos vemos obligados a actuar en frente a otros que nos juzgarán, comenzamos entonces a agregar estrés a dicha situación. Además, no queremos que esta nueva situación nos cambie o nos trastorne nuestra comodidad y es entonces cuando el estrés aumenta aún más. Mientras nos aventuramos en este nuevo cambio y el estrés continúa acumulándose, nos forzamos a ver y a lidiar con nuestras limitaciones. Cuando estas limitaciones están al descubierto y nos percatamos que tenemos ciertas debilidades, entramos directamente al maravilloso mundo del miedo.

A veces a nuestros ángeles Guardianes se les hace difícil creer cuanta energía y poder le damos a nuestros miedos. Tampoco pueden creer cuanta energía y esfuerzo usamos tratando de esconder estos miedos. Déjenme compartir la primera de muchas situaciones que serán discutidas en este libro respecto a las conversaciones entre mis clientes y sus ángeles Guardianes.

Una mujer entre los cincuenta y sesenta años vino a una consulta porque su esposo había muerto recientemente. Además de tener que lidiar con su luto, también se sentía paralizada e incapaz de continuar con su vida sola. Me dijo que durante dos meses después de la muerte de su esposo, le rezó a Dios diariamente para que le diera la fortaleza de continuar y lidiar con sus nuevas responsabilidades. Su esposo siempre se encargó de las finanzas y hacia las reparaciones del hogar, al punto que ella ni siquiera aprendió a conducir.

Su Angel Guardián le aconsejó que todavía tenía muchos años por delante y que ella tenía la libertad plena de encerrarse en su miedo o tomar los pasos necesarios para adquirir el conocimiento que la ayudaría a su manutención. La señora dijo que estaría mejor muerta que tratar de aprender cosas nuevas a su edad para simplemente sobrevivir en su soledad. Su Angel le explicó que el alma de su esposo estaba en transición y que estaba en una situación similar a la de ella. El tenía miedo de ir al próximo nivel y dejarla sola incapaz de funcionar en su vida. De manera que debido a su miedo, ella estaba atrapada en su vida física y el esposo atrapado en su mundo espiritual. Su Angel le dijo a ella que nunca estaba sola y que si ella pudiera dejar sus miedos, el le ayudaría en todos los aspectos de su vida. Consecuentemente, su esposo también perdería el miedo y entraría en su nivel espiritual con tranquilidad, mientras que ella tendría los recursos para recobrar las cosas de su vida que pensó que había perdido. Una de esas cosas era reencontrarse con sus hijos y nietos que se habían convertido en extraños en los últimos diez años. Su Angel le preguntó cuales eran los miedos más grandes que tenía en ese momento. Mi cliente respondió que ella no podía manejar el desastre económico que su esposo había dejado. No podía ir a ninguna parte a menos que alguien la llevara y el inmenso sentimiento de soledad que ella sentía no la dejaba continuar hacia adelante. El Angel entonces le recordó lo siguiente en relación a su vida presente.

El Angel le dijo que como a la edad de diecisiete años, su padre quería enseñarle a conducir y lo mucho que ella lo deseaba también, pero su madre no creía que esto era seguro. Su madre también pensaba que las mujeres en general no debían de manejar y la desanimó. De nuevo a los veintiún años conoció a su esposo, el tenía un auto adicional en su garaje que le ofreció componer y dárselo. El se ofreció a enseñarle a manejar pero ella dijo que no porque a ella le gustaba la idea de que su esposo le manejara y la llevara a los lugares donde ella tenía que ir. Cuando su hija tuvo a su primer nieto, su esposo nuevamente le ofreció enseñarla a conducir en caso de alguna emergencia. Su esposo pensó que si ella manejaba, estaría mejor capacitada para ayudar a su hija o a su nieta si algo malo ocurriera y el no estuviera disponible. Una vez más dijo que no porque tenía miedo que si sucedía alguna emergencia, estaría muy nerviosa para conducir y podría tener un accidente. Su Angel le dijo que se le habían dado tres oportunidades para que cuando la necesidad se presentara tuviera una preocupación menos. "La primera vez, tuviste miedo de lo que tu madre y la sociedad pensarían de ti, conduciendo cuando la mayoría de las mujeres en esa época no lo hacían. La segunda vez, temiste que si tu esposo no te acompañaba constantemente, perdería el interés en ti. Finalmente la tercera vez, tuviste miedo que serías una mala conductora y que en una situación estresante serias inútil."

El miedo había detenido a esta señora de aprender una lección sencilla y este mismo miedo también le obstaculizó de aprender a manejar sus finanzas y cultivar un círculo más grande de amistades, creando un gran vacío en su vida. Su Angel continuó explicándole todo aquello que desaprovechó en su vida y que le hubiese permitido hacer esta transición más fácil. La mujer lloró y entendió realmente todas esas veces que el miedo no le permitió progresar. Ella asumió que su esposo siempre estaría con ella y no habría necesidad de liberar esos miedos. Su Angel Guardián también mencionó situaciones y eventos futuros que serían puestos en su camino para darle otra oportunidad y así ganar el control de su vida. La misma señora me llamó dos años mas tarde desde su teléfono celular mientras conducía y llevaba a sus nietos al parque. Por cierto, estaba conduciendo un auto nuevo que ella había pagado con el dinero que había invertido después de haber tomado una clase con sus nuevos amigos en un instituto de estudios superiores.

En esta historia podemos ver como la anticipación de un miedo, que no tiene ningún valor o poder real, puede impedirnos obtener varios niveles de experiencias. Tendemos a vivir en un mundo donde tenemos mucho miedo de abandonar e intentar cosas nuevas, mudarnos a nuevas áreas, e inclusive descubrir talentos escondidos. Solamente la idea de lidiar con cambios, con estrés y con nuestras limitaciones individuales, nos empuja de nuevo hacia el mundo del miedo. Luchamos durante nuestra existencia y nos perdemos de tantos eventos maravillosos nuevos, posibilidades y niveles de amor cuando nos rendimos ante nuestros miedos.

Otra área del miedo en la cual nuestros ángeles dicen que ponemos mucho énfasis es en el miedo a la muerte. Obviamente nadie se entusiasma mucho con este evento, pero sabemos que es parte de nuestra experiencia humana. Nuestros Guardianes ven con asombro como tratamos de acumular muchas cosas materiales en la vida, cuando en realidad estamos aquí para acumular experiencias, emociones y amor. Ninguna de esas tres cosas puede ser prestada, comprada o tomada de otra persona. A medida que envejecemos, nos enfocamos en la muerte como el próximo gran capítulo que nos está esperando. La idea de la muerte ha sido explicada en muchos libros y artículos como una transición y no como un final. Sin embargo, la idea de que eventualmente nos llegará, nos hace pensar que necesitamos ganar tanto como nos sea posible en este mundo material antes de que nos llegue. Tenemos tanto miedo de abandonar esta vida porque pensamos que es la única que conoceremos y algunas veces estamos temerosos de abrirnos a cambios positivos porque no queremos desprendernos de las viejas conductas que creemos nunca mas estarán a nuestra disposición.

El miedo a la muerte afecta nuestras vidas de dos maneras. Una, es el miedo de nuestra propia muerte y la otra es el miedo a la muerte de alguien a quien queremos. Muchas personas ya avanzadas en edad que están mas cerca de la muerte que de la vida física, están atadas a aparatos que le mantienen la vida artificialmente por más tiempo del necesario debido a este miedo. Nuestros ángeles nos dicen que somos seres físicos, mentales, emocionales y espirituales. La parte física sólo conoce una cosa y esa es sobrevivir lo más que podamos. Una vez que paramos de vivir físicamente, nuestro cuerpo no tendrá una segunda oportunidad de entrar nuevamente en acción. Por esto y por el miedo a la muerte, una persona puede estar comatosa en un hospital por años rehusándose a dejar su existencia física. Cada célula física de ese cuerpo rehúsa a rendirse. Una vez que esta persona comienza a oír a su cuerpo espiritual diciéndole que está bien y que es tiempo de partir, es cuando el cuerpo físico comienza a colapsar.

Como mencionamos anteriormente, los cambios desconocidos crean estrés y uno de los más grandes cambios desconocidos por la sociedad es la muerte. Sí, tenemos miles de casos documentados de experiencias cercanas a la muerte en las cuales se nos han dado una visión de la próxima etapa. Pero estas experiencias sólo tocan superficialmente a las millones de personas que no saben de eso o que simplemente rehúsan a creer en estas experiencias. El peor de los casos de este miedo es que cuando la muerte ocurre, este miedo puede ser lo suficientemente poderoso que previene al alma de continuar hacia el mundo espiritual como es el caso del esposo de mi cliente que mencioné anteriormente. Este miedo no deja que el alma entre en esta transición en su forma original de belleza y tranquilidad. Nuestros Guardianes protectores quieren que sepamos que la muerte es básicamente una manera de parar el tiempo, para luego tratar con un plan mejorado. La muerte nunca será el final de nuestra existencia y una vez que se acerca, debemos dejarla que proceda. Necesitamos hacer esto por nosotros mismos y por los demás también. Nuestros espíritus vivirán y no perderemos el amor, los recuerdos y las experiencias maravillosas que hemos acumulado. La misma idea es aplicable cuando perdemos a un ser querido. Una de las peores cosas que podemos hacer es rehusarnos a dejarlos ir una vez que a ellos les ha llegado su momento de transición. El alma que se está yendo nos puede oír cuando lloramos y gritamos diciendo que no queremos que se vayan. Esto les dificulta liberar su partida del plano físico y algunas de estas almas que yo llamo almas perdidas, pueden quedarse atrapadas en este nivel por cientos de años.

Déjame compartir otro ejemplo de como el miedo puede ser tan destructivo en nuestras vidas. Un caballero de unos treinta años vino a verme una tarde para una consulta. Su esposa le pidió con urgencia que viniera a verme porque ella ya había venido a mi oficina hacía unas semanas. El había estado casado por ocho años, tenía un buen trabajo, era muy feliz con su esposa pero se sentía incompleto porque no estaban disfrutando de una vida sexual plena y no podían tener hijos. Ambos habían ido a varios médicos y terapistas para asegurarse que no existía ningún tipo de problema físico o emocional que pudiera estar creando dicha situación. Físicamente no había ninguna razón que les impidiera tener hijos y la terapia no revelaba ninguna cicatriz emocional en sus mentes.

Durante la consulta, su Angel Guardián me mostró una parte de su vida pasada. El fue una vez una mujer que vivía en Europa a principios del siglo diecinueve. Cuando tenía veinte años estaba encargada de un grupo de niños que habían perdido a sus padres durante la guerra. Este refugio temporal donde trabajaba era también un orfanato para estos niños. El lugar era sucio y estaba abarrotado de personas. Eventualmente, este trabajo temporal se convirtió en una responsabilidad de tiempo completo para ella. Después de algunos años de cuidar a estos niños que no eran de ella, terminó exhausta y comenzó a preguntarse si alguna vez ella tendría sus propios hijos. Su dedicación a estos huérfanos le robó el tiempo que ella hubiese dedicado a su vida social. Entonces decidió dejar ese trabajo, concentrarse en su vida personal y quizás comenzar su propia familia. Después de tres años no tuvo éxito en su vida amorosa y como nadie le hizo propuestas de matrimonio, comenzó a pensar que ningún hombre se casaría con ella y que nunca tendría sus propios hijos. Esta idea se convirtió en una obsesión que se tornó en un miedo muy poderoso. A medida que los años pasaban, tuvo tanto miedo de no encontrar un esposo y no tener hijos, que decidió casarse con un hombre a quien no amaba. Ella quería solamente que alguien le diera la oportunidad de ser madre. Inmediatamente después de su matrimonio, se enteró que el orfanato había cerrado. A pesar de que se entristeció por este evento, continuó enfocándose en la idea que pronto estaría criando a sus propios hijos.

Después de dos años de intentos no pudo salir embarazada y durante el tercer año de matrimonio su esposo tuvo un infarto cardíaco fulminante y perdió la vida. Ella tenía apenas treinta años y se sentía abandonada y muy vieja para casarse nuevamente. Realmente echaba mucho de menos el trabajo con los niños del orfanato y comenzó a entrar en un estado de profunda depresión. La situación fue tan crítica que dejó de comer, no se cuidaba y se le desarrolló un problema intestinal que en un año le quitó la vida. Al final de la consulta le pregunté a este caballero que cual era su preocupación más grande en relación a su intimidad sexual con su esposa. El respondió que la idea de no ser padre lo hacía sentirse inferior y menos hombre.

El temía que si continuaba haciéndole el amor a su esposa y ella no salía embarazada, estaría añadiendo algo más a su tristeza. También me comentó que tenía un miedo interior de envejecer, de quedarse solo o que su esposa muriera antes que él, dejándolo solo. ¡Yo pensé que estaba siendo extremista, especialmente al visualizarse sin niños, viejo y muriéndose solo cuando apenas estaba comenzando sus treinta años!

El Angel Guardián de este hombre dijo que el miedo en su vida pasada con relación a su muerte antes de haber tenido su propia familia, había pasado a su vida presente. A pesar de que el conteo de su esperma era normal, cada célula de su cuerpo estaba reteniendo las emociones y miedos de su vida pasada. Sin percatarse, su cuerpo había recibido el mensaje de su vida pasada que nunca tendría hijos y que estaba destinado a quedarse solo. Obviamente, este fue el resultado de su vida pasada, pero su cuerpo estaba transmitiendo suficiente carga emocional como para que este mensaje fuera transportado a su vida presente.

Por curiosidad le pregunté que por cuanto tiempo el había arrastrado este miedo con el. Miró hacia el piso, levantó su cabeza lentamente y respondió que desde siempre lo había tenido. De manera que antes de casarse, él ya había establecido este miedo interno de no tener niños y de estar solo durante toda su vida.

Entender donde se originó este miedo, le dio a este hombre una nueva esperanza y expectativas para cambios positivos en el futuro. Su Angel explicó que nuestra mente es tan poderosa, que una vez que nos damos cuenta donde se origina el problema, comienza a resolver el conflicto que tenemos en nuestras vidas. No importa si el conflicto es físico, emocional o espiritual. La mente entenderá que el origen de dicho conflicto no es aplicable en la vida presente y comienza a ignorar ese miedo. Este hombre se fue de mi oficina diciendo que por primera vez desde que se había casado se había percatado de que cada vez que le estaba haciendo el amor a su esposa, tenía miedo de que nunca le pudiera dar una familia. El también tenía miedo de que eventualmente ella se encontrara a alguien y lo dejara. El acto sexual se había convertido en una misión o responsabilidad y no en un acto de diversión llevándolo a desear hacerlo cada vez menos. El se sonrió cuando se iba de mi oficina y dijo "Gracias a mi Angel ahora puedo aceptar lo que sucedió en el pasado y este miedo ya no tiene que ser parte de mi vida presente".

De nuevo podemos ver como un fuerte aspecto negativo de un miedo puede eventualmente bloquearnos e impedir que alcancemos nuestras misiones en la vida. En este caso, fue el miedo que se arrastraba de una vida anterior. Conociendo esto, debemos darnos cuenta que al enfrentar los miedos en nuestras vidas, necesitamos asegurarnos que serán resueltos en su totalidad. No queremos disminuir nuestra capacidad de alcanzar nuestra misión en la vida al arrastrar con un miedo excesivo de una vida pasada. Yo trato de decirles a las personas en mis clases y talleres que realmente necesitamos entender los asuntos difíciles en nuestras vidas tales como divorcios, enfermedades crónicas, muertes en la familia o un desastre económico. Necesitamos aprender a superar el asunto y dejarlo atrás sin importarnos cuanto tiempo y esfuerzo nos toma para hacerlo.

Nosotros tenemos el control sobre nuestros miedos porque nosotros los hemos creado. Un miedo no existe a menos que ya lo hayamos experimentado en esta vida o en una vida pasada. Tenemos que esforzarnos para encontrar el origen de nuestros miedos y liberar la presión que ellos han creado en nuestras vidas. También debemos entender que a veces el miedo es nuestro mecanismo de defensa cuando no queremos enfrentar cambios en nuestra vida. Conociendo que los cambios van a ser patrones constantes en nuestras vidas, deberíamos estar dispuestos y ser flexibles ante los cambios y adaptarnos a los nuevos caminos frente a nosotros. Conociendo que muchos de estos cambios son presentados a nosotros por nuestro Angel Guardián para nuestro beneficio y el mayor bienestar, también aliviará parte del estrés. Veamos a los cambios como puertas batientes que nos pueden llevar a un nuevo nivel si pasamos a través de ellas o permitimos que algo positivo de afuera entre en nuestras vidas. Si comenzamos a ver el miedo como una oportunidad para crecer, quizás podríamos ganar más claridad respecto a quienes somos y lo que estamos intentando lograr en esta vida. Nuestros ángeles Guardianes nunca crearán un cambio que nos dañe o que nos desvíe de nuestros objetivos, sino más bien, nos ayudarán en nuestra misión y nos permiten darle menos importancia a los miedos.

Ejercicio Mental Visual para lidiar con miedos indeseados o futuros

La mente es extremadamente poderosa pero se le puede engañar muy fácilmente. La próxima vez que una situación o evento negativo se acerque a tu vida, tómate tu tiempo para experimentarlo primero. En vez de lidiar con el estrés del evento y los posibles cambios que pueda traerte, simplemente visualiza en tu mente el evento en su totalidad. Deja que tu mente experimente todos los posibles resultados antes que suceda en tu vida real. Lo que significa que vas a proyectar el evento en tu mente con todos los detalles que puedas usando la visualización y la imaginación. Visualiza el evento muchas veces hasta que tu mente comience a aceptar que es un recuerdo o algo que ya tú has hecho. Al hacer esto, estás programando tu mente para este evento. Cuando el evento realmente se presente, ya estarás mejor preparado mentalmente y el nivel de estrés que normalmente se hubiese producido será reducido dramáticamente.

Por ejemplo, si tú sospechas o te han dicho que tu empleo actual esta a punto de ser terminado, obsérvate a ti mismo en un mejor trabajo en la misma compañía o en otra.

Experimenta, siente y mira todos los resultados positivos creados por este cambio en tu vida. Nuestra mente, de acuerdo a los ángeles, es el medio más eficiente para re-crear nuestro futuro. La mayoría de nosotros estamos muy ocupados preocupándonos por miedos, en vez de programar los cambios que queremos experimentar. La visualización es una manera muy poderosa de atraer las cosas que queremos en nuestras vidas o remover esas cosas que no nos hacen felices. Yo he usado esta herramienta muchas veces en mi vida y me ha demostrado ser muy efectiva.

Una vez me dijeron que tenía un pequeño tumor creciendo muy cerca de la espina dorsal y una cirugía sería muy riesgosa. Durante dos semanas me imaginé como el tumor se reducía. Visualicé un martillo triturando el tumor en pequeños pedacitos y también enviaba pequeños soldados con ametralladoras para destruirlo. Tres semanas después que me dijeron acerca del tumor, regresé al hospital para que me hicieran más radiografías y no encontraron ninguna señal del tumor. Cuando comencé a estudiar en la universidad, no tenía auto para transportarme y lo hacía en buses entre mi casa y la universidad. En varias ocasiones cuando estaba en el bus, tenía la visión de que estaba siendo atacado con un cuchillo por un mendigo de la calle. Las primeras veces que tuve esta visión realmente me asusté y terminaba sentado en el bus bañado en sudor. Después de tener esta visión unas cuatro o cinco veces sobre la misma escena, me enseñé a mi mismo a observarla pero no a involucrarme emocionalmente en ella. Dos meses después, tarde en la noche, la visión me sucedió en la vida real. El hecho de haber observado esta visión una y otra vez en mi mente me preparó para el momento del ataque real. Pude darle una patada al mendigo y correr hacia el próximo bus que llegaba y así llegar a casa sano y salvo. De nuevo, al haber visualizado esta escena en mi mente estaba mucho mejor equipado para manejar este momento estresante. Mi Angel Guardián me había preparado para este evento y posiblemente salvó mi vida.

¡Probemos!

Busca un lugar cómodo donde nadie te interrumpa por lo menos por cinco minutos. Con luz tenue, cierra los ojos, toma tres respiraciones largas y profundas. Piensa en una situación en tu vida que esté agregando estrés o creando miedo. Observa, analiza y examina la situación totalmente. Ahora piensa en la solución que consideras será la mejor y de mayor beneficio para ti y para cualquier otra persona involucrada en esta situación. Usa tu imaginación y comienza a ver los cambios que están tomando lugar para que esta situación desaparezca. Siente el alivio, siente como tus preocupaciones se van de tu mente y de tu cuerpo y ve el resultado positivo que te espera. Hacer esto por cinco minutos aproximadamente cada día de por medio, no solamente eliminará mucho el estrés sino que también traerá un cambio positivo mucho mas rápido a tu vida. Pasa mas tiempo disfrutando el resultado del cambio positivo en vez de enfocarte en el asunto o problema que estás tratando de eliminar. Tu cuerpo, mente y espíritu eventualmente enfocarán más energía en la espera de un cambio positivo y harás que te olvides de la situación que te está causando el miedo o el estrés en tu vida.

Afirmaciones que puedes usar para manejar los asuntos de miedo y cambios:

(Afirmaciones son simplemente frases y oraciones que podemos repetir una y otra vez para reforzar ideales positivos y crear destrezas en diferentes áreas de nuestras vidas).

1. Todos los cambios e incidentes que se me atraviesan en mi camino son para mi mejor y mayor bienestar.

O

2. Mi Angel Guardián me trae cambios para darme oportunidades, que me ayudarán a completar mi misión en la vida sin miedo alguno.

Capítulo 4

Segundo Mensaje: Aceptación

Nuestros ángeles Guardianes sienten que nosotros, como seres humanos, todavía necesitamos trabajar en el concepto de aceptación. Tendemos a estar atrapados en un estado de constante interrogación y cuando las oportunidades se nos presentan no sabemos como manejarlas. La aceptación, de acuerdo a nuestros ángeles Guardianes es simplemente la habilidad de dejar que el destino fluya de una manera divina. Tenemos que aprender a existir con el proceso de aceptación y abrirnos a los cambios. Muchos de nosotros cuando estábamos en el plano espiritual preparándonos para entrar a una vida nueva en la tierra estábamos muy ansiosos de regresar y realmente marcar una diferencia en el mundo. Queríamos salvar vidas, educar, enseñar o curar al planeta. Nos olvidamos que como individuos, también tenemos necesidades personales que necesitamos satisfacer para completar la misión que creamos para nosotros mismos. La situación que ha estado sucediendo es que en los últimos veinte o treinta años muchas almas están regresando para curar y equilibrar al planeta y la razón principal es dar o proveer. He tenido muchos clientes que vienen a verme para consultas personales con sus ángeles Guardianes, armados con una lista de preguntas e intereses acerca de todas las personas que les preocupan y nada para ellos. Esto podría parecer como un acto noble y bondadoso pero no les permite ver la imagen total de quienes son y cual es su papel con todas esas personas por las que se preocupan. Simplemente quieren saber sobre los miembros de su familia, los niños, mascotas y amigos. Ellos tienen esas preocupaciones por las personas a su alrededor y no tienen interés por su desarrollo personal o por el estado de su mente y espíritu. Están consumidos por la responsabilidad de que necesitan resolver y salvar las vidas de todas estas personas.

Lo triste es que muchos de estos clientes son personas de buen corazón que quieren ayudar a los demás, sin embargo, ellos mismos se están lastimando emocionalmente. Ignoran sus propios asuntos por estar involucrados en los problemas de los demás. Económicamente están arruinados porque necesitan usar su dinero para ayudar a otros necesitados. Energéticamente, están exhaustos y no tienen tiempo para ellos mismos. Lo peor es que su capacidad para descubrir quienes son y lo que los hace felices lo dejan para luego. Ahora no estoy diciendo que no deberíamos ayudar a nuestros semejantes, al contrario, para eso es que estamos aquí, pero no al punto que nos olvidemos de nosotros mismos. Nuestros ángeles me han dicho que ellos se sorprenden cuando ciertos individuos rezan para que se les presente una oportunidad específica en sus vidas, sin embargo, cuando la oportunidad les llega, sienten que no pueden aceptarla porque otra persona pudiera necesitarla mas que ellos. No hay un castigo universal por pedir y recibir; la penalidad viene cuando tenemos y no compartimos por avaricia o por prejuicio. Piensa en esto, si puedes obtener más cosas en tu vida o mientras más abundancia tengas más puedes compartir con los demás.

Mucha gente está viviendo todavía con la idea de que para ser un verdadero ser espiritual y una persona capaz de amar, necesitan abandonar los bienes materiales y hacer sacrificios personales. Este enfoque de crecimiento espiritual puede funcionar para algunos Maestros que vienen a este planeta para servir como líderes o ejemplos, pero esto no es un requisito para alcanzar la pureza espiritual. En una ocasión tuve una cliente que me dejó un mensaje telefónico para que por favor la llamara para darle información mas detallada de mis servicios. La llamé y le expliqué lo que hacía y al final de la conversación también le dije cuales eran mis honorarios. En ese momento se sintió ofendida y me dijo que me había visto en un programa de televisión y pensó que yo tenía unas palabras hermosas de sabiduría que compartir. Ahora que sabía que yo cobraba por mis servicios, yo no era mas un buen ejemplo. ¡En su opinión, las personas realmente espirituales no cobran, simplemente sirven a Dios y no piden nada a cambio! Nuestros ángeles me han dicho muchas veces que Dios nos ha dado abundancia a todos y tenemos el derecho de tener lo que realmente nuestros corazones desean. Cuando le dije a esa señora que yo también pagaba cuentas y tenía responsabilidades económicas que atender, me respondió que "una persona realmente espiritual viviría con lo que le dan en la calle, sería pordiosero de ser necesario mientras esté sirviendo a Dios". Antes de que pudiera decir algo más, cortó la comunicación. De nuevo, esta creencia falsa de que tenemos que sacrificar nuestra existencia para ser puros de alma y corazón, la tienen muchas personas en sus mentes, sin embargo, muchos de los que creen esto nunca dejarían sus posesiones materiales para alcanzar este nivel de espiritualidad.

Yo también caí en esta trampa cuando estaba pensando dejar mi trabajo como gerente de una compañía telefónica local. Decidí aceptar mis habilidades psíquicas y espirituales y abrí una oficina para el público para tratar de ayudar a la gente con los problemas que tenían. Me dediqué algunas horas después del trabajo e invité a algunas personas a mi casa para hacerles consultas personales. Al finalizar las consultas, me sentía muy incómodo cobrándoles por el tiempo que estuve con ellos. Sí, yo había estado una hora de mi tiempo, sí, les estaba dando información valiosa que beneficiaría sus vidas y sí, algunas veces después de las consultas también les hacía una sanación para quitarles algún dolor físico o alguna molestia. De alguna manera sentía que mi habilidad de obtener esta información era un don de Dios y que no estaba supuesto a cobrar por esto. De nuevo, esta era una noble idea de mi parte y al principio yo daba estas consultas y las curaciones gratis, pero de pronto cuando comencé a hacer diez o veinte consultas a la semana, comencé a tener menos y menos tiempo para mí. Me di cuenta que estaba dando un servicio y cobrar por un servicio era perfectamente normal. Aún con ese nuevo concepto, todavía me era difícil y solo cobraba diez o quince dólares por todo el trabajo que hacía y muchas veces aún mandaba a algunos clientes a su casa sin cobrarles. Otras veces, les pedía alguna ofrenda opcional porque todavía tenía mi trabajo a tiempo completo y mi salario. Comencé a darme cuenta que algo cambió cuando acepté pago por mis servicios. Cuando me pagaban por mis servicios sentía reconocimiento de parte de mis clientes. Fue casi como si al aceptar el pago, hubiéramos creado un lazo o un intercambio energético que les permitía aceptar mi trabajo con la gratitud de una naturaleza personal diferente. En el pasado cuando yo no aceptaba pagos, algunos de mis clientes se sentían heridos, avergonzados, molestos y a veces hasta me dijeron que no regresarían a menos que yo aceptara un pago por mi tiempo. Comencé a percatarme que este lazo o unión, era esencial para que la sesión fuera completa, aunque fuera un pago mínimo. Esto nos trae de regreso al tema de este capítulo. Esos clientes que vinieron a verme y que recibieron información que les cambió la vida no podían aceptar irse sin pagar. Ellos sentían que no era correcto si no les cobraba. Simplemente no podían aceptar algo en su vida sin nada a cambio. Algunos clientes incluso me dijeron que si yo no aceptaba un pago, ellos querían saber que tenían que hacer para que su Angel Guardián pagara de alguna manera por la información que proveían. Muchas veces al principio los ángeles Guardianes me decían que les dijera a las personas que simplemente me dieran un abrazo. Esto servía de doble propósito. Una de las razones era permitirles a las personas que me abrazaran para representar que ellos abrazaban a su Angel. ¡La otra razón, era que los ángeles sabían que yo tenía mis propias dificultades con la idea de aceptación, especialmente cuando un extraño me abrazaba! De esta manera, los ángeles podrían cambiar mi miedo de ser abrazado y también darle al cliente la oportunidad de darme un abrazo como una forma de compensación. Podía muy fácilmente haber omitido esta petición del ángel, pero sabía que el hecho de abrazar era un asunto que yo tenía que superar. Además, durante esa consulta, yo estaba trabajando para el ángel Guardián y no podía rehusarme.

Otro aspecto importante sobre la aceptación como me lo han dicho los ángeles Guardianes, son las limitaciones que ponemos para aceptar cosas. Esta teoría está explicada en una forma muy simple en el libro "Conversaciones con Dios", el cual lo recomiendo a todos. El autor, Neal Donald Walsch, escribe que nosotros como seres humanos limitamos nuestras súplicas cuando le rezamos a nuestra

Energía Suprema. Por ejemplo nos encontramos en una situación en la que necesitamos quinientos dólares para resolver un problema. Les rezamos a Dios y a nuestros ángeles que nos ayuden a conseguir esos quinientos dólares para resolver el problema. Ahora recuerda que esta persona estaba corta de dinero antes de que se le presentara este repentino problema económico. Esta persona le rezaría todas las noches a Dios para que le diera la cantidad exacta para resolver el problema. ¿Por qué limitar su petición a quinientos dólares? ¿Por qué no mil o diez mil dólares? El amor de Dios hacia nosotros es incondicional y sin limitaciones. En nuestro planeta hay suficientes riquezas para todos, pero solo aquellos que realmente luchan para alcanzarlas lo logran. Generalmente vemos a Dios como un padre temeroso, acercándonos con precaución cuando necesitamos pedirle algo. Como lo hemos visto en el capítulo anterior, el miedo juega un papel importante en nuestra capacidad para aceptar las cosas. Nuestros ángeles refuerzan la idea de Donald Walsh en su libro cuando confirman que todo en el universo esta en perfecta comunicación. Lo que esto quiere decir es que si estamos en el proceso de intervención divina y nos llega una cantidad inesperada de mil dólares, el hecho de que estamos pidiendo solamente quinientos, puede alterar o cambiar el curso de los mil dólares iniciales. Siempre pide por la cantidad que necesitas o cualquier cantidad razonable más alta para que mantengas esa oportunidad abierta. Otra razón por la cual tenemos miedo de aceptar es que al tener más en nuestras vidas, esto nos puede llevar a cambios que nos llevan una vez más al factor miedo. Generalmente hablando, los seres humanos son escépticos a los cambios y el aceptar oportunidades nos lleva eventualmente a cambiar una cosa u otra.

Déjame presentarte a un cliente que se llama Michael. El era un hombre de negocios, de unos cuarenta años de edad que cargaba con un gran peso durante la mayor parte de su vida. Vino a verme para una consulta con su Angel Guardián para que le clarificara algunas cosas en su vida. Parece que su madre murió cuando el tenía veintidós años de edad. Ella le solicitó un favor antes de su muerte. Le pidió que por favor terminara su educación universitaria y que estudiara farmacia como su padre y trabajara junto a él para que no se sintiera solo. Aparentemente, su madre había sido diagnosticada con un cáncer incurable. Ella sabía que tenía el tiempo limitado y que su esposo se quedaría solo. Michael aceptó con reservas y después de la muerte de su madre se sintió atrapado viviendo una vida que no era la suya. Se graduó de farmaceuta y durante los últimos quince años había estado trabajando al lado de su padre. Lo triste del caso es que cuando se gradúo y recibió su diploma, se dio cuenta en un lapso de tres años que eso no era lo que el quería hacer el resto de su vida. Sintiéndose obligado por su madre, Michael puso sus sentimientos y su vida a un lado y continuó en una profesión que lo estaba destruyendo emocionalmente. Muchas veces después de su trabajo ayudaba a su anciano padre con los quehaceres de la casa, se quedaba en la casa de su padre, cenaban y se aseguraba que no se sintiera solo. Lo que él no sabía hasta que su Angel se lo informó, era que su madre le pidió el mismo favor a su padre. Pareciera que su madre le pidió a su esposo que se cerciorara de que su hijo terminara sus estudios, que estuviera cerca de él y asegurarse que no estuviera solo. Su padre al igual que Michael, había perdido el deseo de continuar trabajando en la farmacia pero se quedó para cumplir con la promesa que le había hecho a su esposa. A ambos, a Michael y a su padre se le habían presentado muchas oportunidades de aceptar cambios en sus vidas y en sus profesiones, pero las rechazaron por la petición de su amada madre y esposa. Mientras tanto ellos perdieron muchos años de posibles cambios que hubieran enriquecido sus vidas más que quedándose en la farmacia como lo hicieron. Nuestros ángeles quieren que sepamos que ellos son los responsables de crear nuevas puertas, caminos y nuevas aventuras, pero tenemos que aprender a aceptar cosas en nuestras vidas y no retenerlas debido al miedo, a la inseguridad o como en el caso de Michael, por sentimientos de culpabilidad si no cumplía los deseos de su madre moribunda.

Para aceptar cambios en nuestras vidas, debemos aprender a creer que realmente nos merecemos lo mejor. La sociedad, las ideas familiares, la manera en que fuimos criados y nuestra propia autoestima juegan un papel muy importante en nuestra habilidad para aceptar la riqueza y el flujo positivo de resultados diarios. Una vez que comenzamos a decirnos que no somos lo suficientemente buenos o tomamos las ideas negativas de otras personas, rechazamos nuestra habilidad natural de aceptar de otros o de la vida en general.

Recuerdo una película que vi una vez en la cual un mendigo de avanzada edad, que no tenía hogar, fue encontrado en un callejón por una familia caritativa que se lo llevó a su casa. Dudoso aceptó a quedarse en la casa de esta familia. Lo obligaron a bañarse, a vestirse con ropa nueva, a peinarse, a aprender a comer con buenos modales en la mesa y lo estaban entrenando para reconectarse con la sociedad. Después de una semana de estos nuevos cambios, el hombre no pudo aguantar mas, buscó sus ropas viejas en la caja donde le dijeron que las pusiera y regresó a vivir en la calles. El había aceptado su papel como mendigo y había creado su propia comodidad en un ambiente donde tenía el control sobre su vida, aunque muchos hubiesen pensado que estaba en un estado total de abandono. Resultó que sus padres nunca lo quisieron, en el colegio se burlaban de él porque era tartamudo y un fracaso en los negocios y otro familiar a la edad de cuarenta años lo empujaron fuera de la sociedad pensando que el no merecía nada mejor. En esta situación, él no podía aceptar ninguna mejora en su vida porque estaba marcado como un fracasado por su familia, por el colegio y por el ambiente de trabajo.

No necesitamos estar en un nivel de fracaso y pobreza porque hayamos sido condenados o marcados de una manera negativa por otras personas. Siempre deberíamos pensar que tenemos el derecho de recibir cosas positivas en nuestras vidas. Nuestro mundo y nuestros cuerpos están en constante intercambio de energía. Desde el momento que nos despertamos, tomamos decisiones a lo largo del día y estamos constantemente intercambiando energía con nuestros semejantes y con nuestro planeta. Nuestros ángeles quieren que sepamos que durante ese intercambio de energías, muchas oportunidades se nos dan para que aceptemos y nos conectemos con los logros de nuestra misión en la vida. Así como sostenemos la idea de que dar es algo sagrado y honorable, así mismo debemos sostener la idea de aceptar en la misma categoría. Muchos de nosotros no lo pensamos ni dos veces antes de dar, pero cuando alguien nos llega con una oportunidad, damos un paso atrás para analizar y cuestionar en vez de recibir rápidamente. Necesitamos aceptar este flujo de cambios positivos que se nos dan, sin importarnos de donde y la forma en que nos vienen así sea una ganancia monetaria, fama o un logro personal.

Recuerda que la capacidad de aceptar de otros y de la vida, es tu reconocimiento de que eres un ser de amor espiritual y mereces abundancia. Al aceptar esta abundancia, aceptas que eres amado en todos los aspectos de tu ser, que a su vez, te permite vivir dentro de tu perfección.

Muchas veces cuando he estado haciendo una presentación, un taller o dando una charla, escojo a alguien de la audiencia para que participe en un intercambio con su Angel como una demostración. Para aliviar el estrés de escoger a una persona en particular de una ávida audiencia, los ángeles ponen una luz brillante y redonda encima de la cabeza de la persona que ellos quieren que yo escoja. Lo mas impresionante es que después que la charla termina, muchos de los escogidos me buscan para preguntarme el porque fueron seleccionados en medio de un grupo tan grande. A ellos les costaba mucho aceptar que ellos eran lo suficientemente valiosos o suficientemente especiales para ser escogidos por los ángeles y recibir una respuesta o una información sobre un asunto de sus vidas. Necesitamos permitirle a nuestras vidas ser aquellas en que verdaderamente balanceamos nuestra habilidad de dar a otros, mientras reconocemos que también merecemos aceptar de otros, especialmente cuando ellos quieren darnos algo con amor por su propia voluntad. En este intercambio balanceado de energía, realmente podemos apreciar la belleza que el espíritu nos da al crear armonía, paz y amor. Como palabras finales de este capítulo de aceptación, quisiera mencionar los tres fundamentos básicos de aceptación:

1. Aceptar cosas en la vida, porque nada es coincidencia ni pasa por accidente.

2. Cuando aceptas, prepárate para dar también.

3. Cuando aceptas cambios con la intención de que será para lo mejor y el más alto beneficio, has comenzado tu evolución personal y espiritual.

Meditación para ayudarte en el proceso de Aceptación:

Todas las meditaciones en este libro requieren unas reglas básicas. Busca un lugar tranquilo donde no vayas a ser interrumpido por lo menos por quince minutos. Usa ropa cómoda que no te moleste en la cintura o los pies. Colócate en una posición relajada con la espalda derecha, no te acuestes, porque le darás una excusa a tu cuerpo para dormirse. Usa luces tenues a tu alrededor. Puedes usar también incienso, música suave, aromaterapia o el sonido de una fuente de agua.

Cierra los ojos e inspira profundamente tres veces, manteniendo cada respiración por una cuenta de cinco antes de que la liberares. Cada vez que respiras te conectas con tu mente, cuerpo y espíritu y luego expiras lentamente. Repite este proceso tres veces con cada secuencia permitiendo que tu cuerpo se relaje mas y mas profundamente. Elimina los pensamientos que te vengan a la mente o si te es posible deja que pasen por tu mente pero no les prestes atención. No pelees con tus pensamientos siempre vas a perder porque tu ego no quiere que tengas una mente abierta y libre.

Una vez que termines con tus ejercicios de respiración, comienza a enfocarte en el área de tu vida que pienses que está fallando. Esta podría ser el área del dinero, amor, espiritualismo o cualquier otra parte de tu vida que quieres mejorar. Obsérvate a ti mismo parado en un escenario y la audiencia se levanta y te aplaude. Piensa que has sido escogido para que te den un gran premio y la gente está realmente feliz por ti.

Escucha los aplausos a través del teatro, siente la felicidad de la multitud hacia ti y por encima de todo siente la emoción de que pronto serás premiado. En este momento imagínate que un gran telón se abre detrás de ti y finalmente vez tu gran premio. Te dicen que todo lo que tienes que hacer, es caminar hacia la computadora que está a tu derecha y escribir exactamente lo que quieres que sea tu premio. No hay limitaciones y mereces tener todo lo que te haga feliz y satisfecho. Termina de escribir tu petición e instantáneamente mientras estas escribiendo la última palabra y aprietas el botón, el telón se abre completamente. Todo lo que necesitas hacer es voltearte y aceptar tu premio. Obsérvate a ti mismo caminando cada vez mas cerca hacia tu premio con tus brazos extendidos en completa aceptación. Reconoce y da las gracias por haber recibido este premio y reconoce también que recibirás muchas otras cosas más a lo largo de tu vida. Disfruta de este proceso de aceptación y de todos los sentimientos relacionados con dicho proceso. Deja que tu mente, cuerpo y alma se conecten con este maravilloso sentimiento de aceptación. Permítete sentir cómodo pues este premio o regalo es ahora parte de tu vida.

Ahora obsérvate a ti mismo dándole gracias a la audiencia por haberte escogido como el ganador de este premio maravilloso. Puedes inclinar la cabeza, saludar o simplemente tirarles un beso. Deja que el telón se cierre y guarda tu premio hasta que decidas usarlo. Ve como la audiencia comienza a irse del teatro, pero mantén tu sentimiento de aceptación contigo. Permite que las luces se pongan tenues en el escenario y respira lentamente tres veces y con cada respiro, mantén la energía de la aceptación profundamente en tu alma. Deja que esta visión desaparezca mientras retornas a tu estado de conciencia. Antes de abrir los ojos, admite que a partir de este momento estarás dispuesto a aceptar más en tu vida. No tendrás ningún miedo ni duda. Respira una vez más y cuando termines, abre lentamente los ojos y aférrate a esa experiencia maravillosa por lo que queda del día.

Capítulo 5:

Tercer Mensaje: La Salud

El tema de la salud es un tema en que los ángeles de la Guarda se enfocan en gran detalle. Cuando estoy haciendo una consulta con el cliente y su Angel, casi el noventa por ciento del tiempo el Angel habla de los problemas de salud y de las razones que están causando estos problemas. Nuestros ángeles sienten que nos preocupamos muchísimo en mantener un cuerpo saludable. Ellos quieren que conozcamos algunos de los factores que afectan nuestro organismo diariamente. Los ángeles quieren que también entendamos que tenemos un gran poder de control para mantener nuestro cuerpo trabajando en óptimas condiciones. Más importante aún, ellos quieren que entendamos que necesitamos ser más sensibles a la comunicación que el cuerpo nos provee. Tenemos un gran poder para controlar lo que se refiere a las crisis y al mantenimiento de la estructura interna y externa de nuestro cuerpo físico. En este capítulo discutiremos el tema de la salud en tres categorías, las cuales tienen relación directa con el cuerpo físico. Estos tres elementos son: el cuerpo emocional, el cuerpo energético y el cuerpo espiritual, los cuales reaccionan directamente con el cuerpo físico.

El Elemento Emocional:

Una de las grandes diferencias entre los seres humanos y otros seres vivientes es el amplio nivel de emociones. Los seres humanos tenemos una gran variedad de emociones que cambian diariamente. De acuerdo a los ángeles, lo primero en lo que debemos enfocarnos es en que coexistimos en tres dimensiones conocidas comúnmente como cuerpo, mente y espíritu. Irónicamente la Iglesia Católica mantiene una teoría similar en la Santísima Trinidad. La Iglesia utiliza los términos de Padre, Hijo y Espíritu Santo. Estos tres elementos son representados por Dios, su hijo Jesús y el Espíritu Santo, que a su vez lo simboliza una paloma blanca. Los ángeles me informaron que nuestro cuerpo físico es la fuente de Dios representada como esencia material, su hijo Jesús representa nuestro cuerpo mental, el cual representa una extensión de los pensamientos de Dios y finalmente el Espíritu Santo es nuestro cuerpo espiritual que representa nuestro navío eterno.

El cuerpo se encarga de la naturaleza física y de la estructura material que nos mantiene unidos funcionando. Este consiste en nuestros órganos, esqueleto, músculos, cerebro, tejidos y otros elementos físicos. Nuestra mente la conforman los pensamientos, ideas, emociones, sentimientos y capacidad de razonamiento. El tercer componente, nuestro espíritu, permite conectarnos con la fe, nuestras creencias internas, nuestro propósito de vida y es también nuestra conexión eterna con la Energía Suprema. Nuestros ángeles dicen que cuando creamos un desequilibrio emocional este generará un desbalance físico. Un individuo que esté atravesando una crisis emocional forzará su cuerpo físico a trabajar mas creando ansiedad y estrés no deseado. Esto a su vez hace que el cuerpo disminuya su capacidad y desarrolle problemas de miedo, inseguridad y depresión. Todos los órganos y partes del cuerpo tienen responsabilidades y comunicación directa con las diferentes emociones de nuestras vidas. Esta información no es nada nueva, ciertos autores como Carolyn Myss, han escrito libros acerca de la interacción del cuerpo con las emociones. Desafortunadamente, sólo del quince al veinte por ciento de nuestra población se ha preocupado por leer estos libros o ha considerado la posibilidad de hacer una investigación sobre sus propios problemas de salud. El ser humano se acostumbró a correr al doctor para una cura rápida sin analizar primero la causa que originó el problema. Vivimos en un mundo acelerado donde tenemos que funcionar a toda costa sin tener ningún tiempo disponible para evaluarnos a nosotros mismos.

Algunos ejemplos donde podemos observar la relación entre el cuerpo y las emociones los encontramos cuando tenemos preocupaciones económicas y a su vez sufrimos de dolores de cintura. Las personas sensibles y emocionalmente débiles que no pueden lidiar con cambios tienden a debilitar el área del estómago y de los intestinos. El miedo, es la emoción negativa número uno y puede afectar cualquier parte del cuerpo, aunque muchas veces se asienta en los riñones y en la circulación. Una persona que tiene miedo a ver cambios inminentes en su vida puede ser afectada por problemas visuales, tales como debilidad visual, daños en los nervios alrededor de los ojos e inclusive puede tener obstrucciones o debilitamiento en los conductos lagrimales. Un individuo que tenga miedo de dar un paso adelante en una situación difícil puede sufrir problemas de circulación, en los tobillos o en los pies. Otros individuos que piensan que nunca han tenido ningún apoyo en la vida pueden manifestar dolencias en las rodillas o en los hombros. Todos los órganos en nuestro cuerpo tienen una relación directa con todas las emociones y sentimientos que expresamos o dejamos de expresar. Las dificultades o los factores negativos que confrontamos diariamente cuando no son atendidos por largo tiempo, comenzarán a enviar mensajes a aquella parte de nuestro cuerpo con la que mejor se asocian. El libro de Louise Hay "Usted puede sanar su vida" es una magnífica fuente de información que nos ofrece una lista de dolencias físicas y las emociones involucradas correspondientes. De acuerdo a nuestros ángeles Guardianes tenemos el control directo de los tres cuerpos: el físico, el mental y el espiritual. El cuerpo físico es el lugar de reposo final donde llegan las energías desbalanceadas que se reciben de los otros cuerpos energéticos, tales como el cuerpo emocional y el cuerpo mental.

Dado que el cuerpo físico es donde sentimos el resultado final llamado dolor o molestia, este es el único cuerpo por el cual nos esforzamos en tratar de reparar. Tristemente, una vez que sentimos que lo curamos, ignoramos todos los síntomas que nos condujeron al dolor y terminamos repitiendo el mismo patrón una y otra vez. La medicina tradicional moderna finalmente se está dedicando a investigar el origen del dolor con el propósito de hacer un alto a estos patrones repetitivos y evitar que regresen al cuerpo físico.

Un ejemplo que me viene a la mente en relación a este tema de problemas físicos fue el caso de una mujer joven alrededor de los treinta y dos años. Ella hizo una cita conmigo para una consulta porque había estado sufriendo de unos terribles dolores de estómago en los últimos tres años y ningún examen médico había encontrado las causas de sus dolores. La señora se había visto con diferentes doctores, con distintas especialidades, además de haber tomado un sin número de medicamentos y no había conseguido aliviar su dolor. Como sanador naturista que soy y practicante de Reiki, que es una manera de curar con las manos energizadas, decidí hacerle una sesión de sanación y no una consulta. Sentí la necesidad de limpiar cualquier obstrucción en su estructura física que estuviera causando este dolor. El propósito de la técnica de Reiki es trabajar sobre todo el cuerpo para crear un estado de balance general de pies a cabeza sin importar donde se encuentra el dolor. Cuando llegué al área de su estómago, sentí la sensación de un aire frío que subía desde la parte central del mismo. Mientras me enfocaba en esta área y pasaba energía sanadora, ella comenzó a llorar. Considerando que Reiki no se requiere del contacto físico, yo sabía que no le estaba tocando o presionando el estómago para crear más dolor. Sin embargo, para cerciorarme, le pregunté si lo que le estaba haciendo le estaba ocasionando más dolor, a lo cual ella me contestó negativamente y me pidió que continuara con la terapia.

Cuando me concentré de nuevo para enviar más energía, sus sollozos comenzaron a hacerse más intensos. Una vez mas le pregunté si se sentía bien y de nuevo entre lágrimas me pidió que por favor continuara. Debido a que continuaba llorando decidí hacer un alto para obtener algún dato del porque esta energía la hacía llorar mas y mas. Le pedí por favor que si podía compartir conmigo lo que estaba pensando o sintiendo y que la hacía llorar tanto. Me sentía incómodo de continuar con la sanación sin antes resolver los episodios de llanto.

Parecía ser que en el momento que comencé a trabajar sobre su estómago, que era el área de su dolor, comenzó a tener recuerdos visuales de una escena que había ocurrido hacía cuatro años.

Le pregunté si se sentía a gusto compartiendo la experiencia conmigo y comenzó a contarme que hacia cuatro años había atravesado por un divorcio muy difícil que la drenaba física y emocionalmente a medida que pasaban los días. Además de esta situación de estrés, estaba el hecho de que tenía seis meses de embarazo y su esposo abusaba físicamente de ella. Una noche el esposo estaba tan enfurecido que la golpeó varias veces, la empujó contra la pared de la cocina y se fue de la casa. Los golpes que recibió le provocaron una hemorragia interna. Un vecino la llevó de emergencia al hospital donde perdió a la criatura. Le pregunté lo que hizo al dejar el hospital y me respondió que llamó a la policía y su esposo fue arrestado. Se le prohibió regresar a la casa debido a una orden de protección y el juez le otorgó el divorcio a los pocos meses. Le comenté que no quería saber lo que había pasado cuando salió del hospital, realmente lo que quería saber era lo que había hecho a nivel emocional cuando regresó a su casa. Ella se contuvo por unos minutos y luego me dijo que se recordaba de haber regresado a su casa, haber ido a su cuarto, haberse sentando en el piso tocándose el estómago y haber llorado por dos días consecutivos. Me dijo que todo lo que podía pensar en ese entonces era cuanto odiaba a su esposo y como el había causado la pérdida de su bebé.

Durante esos dos días solamente se paró para ir al baño, no comió ni durmió en su cama. Mientras que continuaba llorando y compartiendo su experiencia conmigo, noté que el frío que venía de su estómago comenzaba a transformarse. Una energía tibia comenzaba a sentirse. Ella paró de llorar a los pocos minutos mientras yo terminaba con la sesión de sanación de Reiki, luego le pedí que se incorporara de la mesa de masajes y se pusiera de pie.

Esta mujer se incorporó lentamente, se sintió un poco mareada pero con una sonrisa en la cara. Me comentó que sintió que algo había cambiado en ella y antes de que le hiciera alguna otra pregunta comenzó a estirarse, doblarse para tocar el suelo con la punta de los dedos y saltar de arriba a abajo. Me miró con un brillo increíble en su mirada y me dijo que el dolor había desaparecido. Como puedes ver, este fue un pequeño milagro, porque el dolor había sido constante, día a día, minuto a minuto y no había cambiado durante tres años. Le hice seguimiento a esta cliente un mes después y luego tres meses mas tarde y su dolor nunca regresó.

Lo que pasó con esta cliente es que ella asumió el trauma emocional de haber perdido a su hijo y haber sido golpeada por su esposo y lo almacenó como una experiencia negativa en su estómago. Cuando ella se sentó en el suelo de su habitación a llorar por dos días tocándose su estómago, concentró su angustia directamente en esa área particular del cuerpo. Después de haber pasado un año, aún a nivel consciente, ella pensaba que se había sobrepuesto de aquel trauma, sin embargo, su cuerpo emocional repetía la experiencia una y otra vez más en la misma área del estómago. Esta experiencia no resuelta, se manifestaba como dolor en el mismo lugar y no era visible en los exámenes médicos, rayos-x, ni en los diagnósticos de los doctores. La verdad era que no existía ninguna razón física, todo era emocional. Lo más interesante de todas estas ataduras físicas y emocionales es que pueden pasar de una vida a otra. Un problema no resuelto en una vida pasada puede regresar y aparecer como una manifestación física en esta vida. Yo trabajé muchos años con un socio que hacía hipnosis y resolvía muchos traumas físicos haciendo regresiones a vidas pasadas. Haciendo que el cliente reviva la experiencia que originó sus problemas emocionales, se genera un ambiente balanceado para que la mente consciente entienda, drene y sane. En muchas de las consultas que hago, el ángel Guardián me muestra algunas escenas de la vida pasada del cliente para que luego lo asista en sus bloqueos actuales.

Elemento Energético:

Nuestros ángeles Guardines quieren que nosotros entendamos que debemos evaluar cada parte de nuestra vida como si fuera un componente energético. El segundo elemento que se relaciona a nuestra salud nos ubica en un campo de fuerza energética. Estamos hechos por energías y vibraciones que nos envuelven por dentro y por fuera en esta cáscara que llamamos cuerpo humano. Tenemos muchos cuerpos que trabajan juntos para formar el cuerpo que vemos y sentimos físicamente. Todas estas capas de cuerpos de energía externa juegan un papel importante en nuestra salud general. Cuando nos afecta una enfermedad física, esta enfermedad ya ha penetrado estos cuerpos externos antes de asentarse en nuestro cuerpo físico.

Tenemos un cuerpo emocional que está siendo evaluado constantemente a medida que nosotros lidiamos con las experiencias diarias. Tenemos un cuerpo astral el cual es una extensión etérea del cuerpo físico. Este cuerpo astral es capaz de desprenderse del cuerpo físico para explorar mientras dormimos. Es responsable de ayudarnos a drenar nuestros miedos y ansiedades presentándonos ciertas escenas cuando soñamos, así como también yendo a otras dimensiones a buscar respuestas a las preguntas que constantemente estamos tratando de resolver en nuestras mentes. Además de nuestro cuerpo físico, emocional y astral, también tenemos el cuerpo mental y el cuerpo espiritual los cuales componen el ser humano. De acuerdo a nuestros ángeles, el cuerpo mental trabaja sobre tiempo grabando y evaluando nuestros miedos, dudas, preguntas y encuentros diarios. La diferencia entre el cuerpo emocional y el cuerpo mental es que el cuerpo mental es un mecanismo procesador, mientras que el emocional se refiere estrictamente a sentimientos. Finalmente, el cuerpo espiritual es nuestra conexión eterna con la Energía Suprema que continúa evolucionando de una vida a otra. Los cinco cuerpos necesitan estar en armonía para que tengamos una salud perfecta. Se podría escribir un libro acerca de las funciones y conexiones de estos cinco cuerpos, pero en este capítulo sólo deseo dar una breve introducción para que el lector conozca de su existencia y de su relación con nuestra salud.

Nuestros ángeles sienten que necesitamos desarrollar una sensibilidad más fuerte en todos los aspectos de nuestras vidas. En el momento en que sentimos que algo no está balanceado necesitamos hacernos preguntas e investigar. Ignorando nuestras emociones, miedos e inseguridades y resistiéndonos a aceptar cambios en nuestras vidas, estamos permitiéndole a una energía negativa atacar a uno de nuestros cinco tipos de cuerpos. Este ataque se convertirá en un problema físico eventualmente. Los virus y las infecciones son el resultado de un colapso en nuestros diferentes cuerpos y los vemos como el comienzo de las enfermedades.

En referencia al cuerpo mental, los ayudantes angelicales nos han dicho que fallamos al no darnos cuenta del potencial ilimitado de nuestras mentes, tanto en el sentido positivo como en el sentido negativo. Nuestros pensamientos son vibraciones que tienen el potencial de crear resultados. Muchas veces nuestros pensamientos abren las puertas a condiciones negativas de salud. Por ejemplo, llegas a la oficina y te das cuenta de que tu compañero de trabajo tiene un resfriado terrible. Si pasas el día pensando sobre la posibilidad de que se te contagie, entonces felicítate a la mañana siguiente cuando te levantes con la nariz congestionada. La mente es tan poderosa que siempre va a tratar de manifestar lo que estás pensando. Desde el momento que te dices que el resfriado de tu compañero se te va a contagiar, has decretado un comando que la mente va a tratar de llevar a cabo. Por otra parte, si le dices a tu mente que tu sistema inmunológico es fuerte y que el resfriado no va a entrar a tu cuerpo, estás tratando de crear un escudo protector que reducirá dramáticamente las posibilidades de contagio.

Esta misma idea se aplica a alguien que odie su empleo. Tan pronto se despierta en la mañana piensa en lo horrible que es su trabajo, que le ocasiona dolores de cabeza simplemente por estar allí. La mente de esta persona ha dado una orden directa desde el momento que comienza a vestirse y prepararse para el trabajo. A los pocos minutos de haber llegado al trabajo, se encontrará sufriendo de un terrible dolor de cabeza. De nuevo, la persona le echará la culpa al ambiente del trabajo en vez de culpar las dos horas que pasó pensando en lo que le iba a ocurrir. Nuestros ángeles quieren que seamos cuidadosos con las frases, pensamientos e ideas negativas que podamos generar; especialmente las relacionadas al estrés, rabia, decepciones, celos, envidia y aquellas otras áreas que nos desgastan mentalmente.

Adelantémonos al concepto de transferencia de energía. Las vibraciones creadas por nuestros pensamientos nos pueden dañar así como también pueden producir complicaciones negativas a otras personas. De la misma manera que yo como psíquico uso capacidades mentales positivas para curar, ver ángeles o dar consejos a otros, otras personas pueden usar sus capacidades mentales para dañar y destruir. Esto puede ser hecho inconscientemente o a veces conscientemente. Los pensamientos energéticos cuando se concentran y se procesan repetidamente ganarán fuerza. Esto significa que los pensamientos negativos cuando se crean y se les da alguna intención tendrán que ser liberados eventualmente de una forma u otra. Esta liberación ocurrirá en uno mismo o en la persona en que uno se haya concentrado. De nuevo, esta liberación puede ser transformada en un problema de salud para ti o para esa otra persona.

Un ejemplo de como este pensamiento negativo trabaja es el siguiente. Si tienes a alguien en tu vida que te molesta demasiado y estás obligado a tratar con esta persona regularmente, empiezas a desarrollar un sentimiento de desagrado o hasta de odio por esta persona. A pesar de que estos pensamientos se encuentran dentro de tu mente y no los estas expresando verbalmente, son liberados hacia el universo como vibraciones. Debido a que estos pensamientos negativos tienen una intensión contra un individuo en particular, estas vibraciones irán directamente hacia esa persona. Ahora bien, si dicha persona tiene una voluntad fuerte y balanceada, estos pensamientos negativos van a rebotar en sus cuerpo energético y van a desboronarse. Por otro lado si la persona es de mente débil y susceptible a ser fácilmente influenciable, estos pensamientos energéticos pueden penetrar en sus cuerpos y generar problemas de salud o experiencias negativas.

Una vez tuve un cliente que vino a verme, era un hombre joven a principios de sus treinta años y estaba muy preocupado por su mamá. Ella tuvo una vida difícil, parecía que se había desconectado del mundo y era muy antisocial. Su Angel Guardián explicaba y señalaba algunos problemas de salud que habían aparecido en la vida de su mamá en los últimos seis meses. El joven estaba muy impresionado por la exactitud del ángel acerca de todos los padecimientos de su mamá. Al final, el ángel le dijo que su madre era el tipo de persona que guardaba todo para si misma, especialmente sus problemas personales. Ella no hablaba de sus problemas, resentimientos, rabias pasadas o decepciones. El joven asintió y comentó acerca de como su mamá siempre guardaba todo lo que sentía y de que casi nunca sonrió en su vida. El ángel continuó diciendo que cuando una persona guarda rabias o recuerdos negativos sin liberarlos de alguna manera, esta energía comienza a crecer dentro de uno mismo. Si el tiempo pasa y esta energía no se libera o se resuelve, llegará a un punto de ebullición donde explotará y comenzará a atacar al cuerpo físico. Se le aconsejó a mi cliente encontrar a alguna persona que pudiera hacer que su madre hablara y compartiera recuerdos de su vida. Ella necesitaba liberar viejos patrones y miedos que estaban atrapados en su cuerpo emocional por muchos años. Su habilidad de drenar y compartir estos pensamientos fue suficiente para revertir el proceso y comenzar a pasos lentos el camino hacia su curación física. Por esta razón es que siempre le digo a la gente en mis charlas o clases que traten de lidiar desde un comienzo con los problemas difíciles tales como las muertes, los divorcios o los problemas económicos. No pensar simplemente acerca de ellos cuando suceden. Hay que tomarse el tiempo para analizar como estos eventos han cambiado tu vida y hacer un esfuerzo para salirse de ellos y seguir el próximo paso en la misión de tu vida. Si nos estancamos en la vida durante estos períodos de dificultad y dolor, simplemente los estamos magnificando a través del tiempo y nuestros cuerpos físicos pagarán las consecuencias tarde o temprano.

Elemento Espiritual:

Finalmente la tercera fase de sanación que voy a discutir está relacionada con las complicaciones de la salud espiritual. De la misma manera que una persona negativa puede conectare con el miedo, la rabia o el odio y envía mentalmente esa vibración a otra persona, esa misma interacción también puede ser hecha por espíritus. Me refiero a espíritus, aquellos que ya han muerto y no existen en el plano físico.

Mucha gente está bajo la impresión de que una vez que una persona se conecta con el proceso de la muerte, su ser emocional y su personalidad junto con todo aquello involucrado en ese proceso, se transforma automáticamente. Por el contrario, una persona que muere con problemas emocionales no resueltos va a cargar con ellos en el plano espiritual. Por haber sido removido del cuerpo físico, también tiene una mayor sensibilidad a estos problemas. Esta persona, en el estado espiritual, puede interrumpir su propia evolución espiritual, así como también el estado físico de alguien con quien se haya contactado en el mundo físico.

Es extremadamente raro, pero posible desarrollar una enfermedad o problema físico causado por la energía de seres espirituales. De todas las sanaciones, intervenciones espirituales y posesiones en las que he intervenido, solo dos veces me han llamado para llevar a cabo una sanación a una persona cuya complicación física haya sido causada por una manifestación directa de un espíritu. De todas maneras, mencionaré esta posibilidad en este capítulo porque simplemente es posible. Nuestros ángeles quieren que entendamos que somos responsables por nuestras acciones y pensamientos mientras estamos en el cuerpo físico o en el espiritual.

Hace muchos años tuve que ver a un hombre a principios de sus cincuenta años que sufría de terribles dolores en una pierna y los doctores no podían encontrar una razón física del porque de ese dolor en su pierna derecha. Le tomaron radiografías, tomografías y chequearon si tenía problemas musculares, sin embargo todos los exámenes resultaron negativos. Los dolores venían en la noche y parecían intensificarse cada día que pasaba. Fui a visitar a este hombre para ver si le podía ofrecer alguna ayuda. Traté con mis procedimientos energéticos normales de curación, le toqué el área en cuestión y le envié energía de sanación. A los pocos minutos de estar haciendo esto, se podía decir que había un tipo de interferencia externa. Se me erizaron los bellos de mi espalda y pude sentir una ráfaga fría alrededor del hombre. Decidí entonces aumentar mi energía para tener mas claridad sobre el origen de esta extraña sensación. De repente vi al espíritu de un hombre mayor parado a la derecha del hombre al cual yo estaba ayudando. Era un hombre de avanzados sesenta años con una cara de desesperación, miedo y una gran sensación de estar perdido y confuso. Observé un elemento muy importante en esta visión espiritual que estaba recibiendo. A este espíritu le faltaba su pierna derecha, la misma pierna por la cual el hombre se quejaba de dolor intenso. Una cosa que he aprendido mientras trabajo con aquellos que han cruzado hacia el plano espiritual, es que una vez que se cruza a dicho plano no se retiene ni se siente dolor físico. Para que este espíritu se me apareciera sin una pierna, me estaba indicando que todavía no aceptaba su muerte.

Resultó ser que el espíritu de este hombre mayor estaba atrapado entre el mundo físico y el espiritual. Habían pasado dos semanas desde que el había muerto en un accidente automovilístico tarde en la noche. Su pierna había sido lacerada con el impacto y la perdida de sangre le había causado la muerte. Cuando su cuerpo físico estaba partiendo, la primera persona que se encontró fue al hombre que yo estaba asistiendo que vivía a menos de media cuadra de la escena del accidente. Cuando le comenté esto a mi cliente, el se recordó que cerca de dos semanas atrás, de camino a su casa, había visto un serio accidente en la esquina de su cuadra. También recordó haber visto una ambulancia y dos carros policías y pensó que el carro había sido destrozado. De hecho, fue a la mañana siguiente que su pierna le empezó a doler. Aparentemente, el espíritu del hombre que había muerto en el accidente estaba en estado de shock por su repentina muerte y no podía aceptar el hecho de que estaba muerto. A pesar de que la ambulancia removió su cuerpo, su espíritu se quedó en el lugar y la primera persona que vio fue a este joven regresando a casa, entonces lo siguió buscando ayuda. El espíritu se le pegó emocionalmente a este hombre junto con el dolor que sintió antes de morir.

Yo pude ayudar al espíritu a que entendiera su muerte y a que avanzara en el proceso de entrar al plano espiritual. Esto removió el peso emocional de mi cliente y en menos de cinco minutos el dolor que sentía comenzó a desaparecer. A los quince minutos el dolor había desaparecido de su pierna. De nuevo, esta situación sucede rara vez, de manera que no empieces a pensar que la próxima vez que tengas un dolor y tu doctor no encuentre una explicación física, pienses que tienes un espíritu pegado a ti. Nosotros los humanos ya tenemos suficientes miedos como para generar más.

Nuestros ángeles también nos aconsejan usar nuestro sentido común en relación con todos los elementos que pueden dañar nuestro cuerpo físico. Tenemos que amarnos y comer saludablemente, hacer ejercicios y resolver la parte emocional que tenemos desequilibrada en nuestras vidas. Necesitamos balancear nuestro nivel de estrés, el cual desafortunadamente se encuentra al máximo nivel desde que entramos al año 2000. Necesitamos eliminar los miedos, las conductas adictivas y comenzar a aceptar la vida más fácilmente y lo que nos provee diariamente. También necesitamos sanar nuestro planeta, este ha sido abusado por mucho tiempo. Ellos también quieren que encontremos formas para contribuir con la humanidad sin agotar constantemente la naturaleza ni destruir la vida animal para satisfacer nuestras necesidades personales. Necesitamos entender la comunicación entre nuestros cinco cuerpos. Recuerden la secuencia, cuando nos encontramos desbalanceados emocionalmente, nuestro cuerpo emocional envía mensajes al cuerpo mental. La mente recibe este mensaje y se conecta con la rabia, la depresión o con la soledad. Luego envía el mensaje al cuerpo físico donde comenzamos a tener problemas de salud. Podemos interceptar estos mensajes antes de que lleguen al cuerpo físico y hacer los cambios necesarios a fin de evitar complicaciones de salud. De nuevo, es a través del entendimiento y de la aceptación de que somos mas que un cuerpo físico y que todos nuestros otros cuerpos necesitan ser reconocidos y respetados también.

Ejercicio visual para mejorar nuestra salud:

De la misma manera que el ejercicio anterior de meditación mental, coloca tu cuerpo en una posición relajada y respira profundamente tres veces. Con cada respiración te conectas a tu cuerpo, mente y espíritu.

Cierra los ojos y usa todos los niveles de tu imaginación. Trata de verte dentro de un paisaje de montaña bien bonito. Es un lindo día con una temperatura perfecta, ni muy caliente ni muy fría, como a ti te gusta. Imagínate que acabas de terminar una caminata corta por la montaña y tu cuerpo esta listo para ser rejuvenecido. A tu derecha observa que hay una entrada en la montaña, lo suficientemente cerca como para llegar caminando a ella. Esta apertura conduce a un saliente rocoso lo suficientemente grande para sostener a varias personas. Desde este saliente rocoso puedes observar una catarata bellísima. Tómate el tiempo necesario para crear y ver esta imagen en tu mente.

Puedes sentir tu cuerpo queriendo pararse debajo de la catarata y el agua correr por cada parte de tu existencia. Sigue adelante y hazlo. Imagínate que te estás quitando la mochila de la espalda, las botas y la ropa. Debajo de tu ropa puedes quedarte con un traje de baño pero si te sientes capaz y consideras que no hay nadie más a tu alrededor, te puedes quitar toda la ropa. No esperes, corre hacia la cascada y permite que el agua corra por tu cabeza y por todo tu cuerpo.

A medida que el agua cae sobre tu cuerpo, imagínate que todos aquellos pensamientos negativos que haz generado o aquellos que han sido generados por otros y dirigido hacia ti, sean eliminados con la fuerza del agua. Cualquier parte de tu cuerpo que está adolorida o cansada se fortalece y aumenta su vibración instantáneamente. Imagínate esta agua tocando tu piel, penetrándola y entrando a tus otros cuerpos energéticos. Esta agua primero limpia todos los órganos y las partes físicas, luego penetra más a fondo para limpiar el cuerpo emocional, mental, astral y finalmente el espiritual. Toda la negatividad de todos los cuerpos es removida y revitalizada. Siente que tus cuerpos toman de esta agua y se reviven, sintiendo que toda la negatividad ha sido removida y lavada. Siente una felicidad física apoderarse de ti a medida que observas la bellísima naturaleza que te rodea. Cuando te sientas satisfecho, sal lentamente de la catarata, recuéstate en un área plana y fría de la roca y deja que los rayos tibios del sol te sequen. Permite que estos rayos del sol sean las últimas vibraciones de limpieza y de curación que toquen tu cuerpo. Quédate ahí hasta que te sientas listo para pararte y continuar tu viaje. Te sientes vibrante, en guardia y completamente despojado de toda negatividad. Respira tres veces profundamente, abre tus ojos y sigue adelante con este día maravilloso.

Capítulo 6

Cuarto Mensaje: Enfoque

Recuerda que cuando eras niño y llegaba el momento de tomar un examen importante en el colegio, podíamos actuar de dos maneras. Algunos de nosotros nos quedábamos levantados toda la noche varias noches consecutivas estudiando y repitiendo todas las preguntas y respuestas posibles en nuestra cabeza. Otros no se preocupaban y quizás leían algunas notas un par de horas antes del examen, mientras que unos pocos se presentaban al examen sólo para tomarlo. Nuestros ángeles Guardianes me dicen que nosotros por lo general como seres humanos, hacemos lo mismo en nuestra vida cotidiana. Carecemos de habilidad para enfocarnos adecuadamente en nuestros asuntos. Los ángeles sienten que tenemos la tendencia a extender la duración de nuestros problemas por nuestra incapacidad de ver las cosas de manera diferente o por no considerar la situación en su totalidad. Ellos también sienten que nos detenemos y esperamos demasiado cuando los obstáculos se presentan en nuestro camino. En este capítulo veremos el significado y el proceso de enfocarse según nuestros ayudantes espirituales. Mientras leas este capítulo, ten presente que nuestros ángeles quieren que nos demos cuenta que algunas veces los obstáculos o lo que llamamos problemas, son en realidad bendiciones u oportunidades disfrazadas.

Tomaremos dos filosofías en consideración mientras trato de explicar lo que nuestros ángeles desean que entendamos en relación al tema de este capítulo, el enfoque. La primera filosofía o entendimiento, es que todos escogemos nuestra misión de vida antes de que hayamos decidido encarnar en este planeta. Cada uno de nosotros hizo un gran esfuerzo para asegurarse de escoger las experiencias esenciales para que nuestra alma pudiera expandir su crecimiento. Esto significa que todos llegamos aquí con un plan específico creado por nosotros mismos, el cual planeamos llevar a cabo y cumplir al máximo posible durante nuestra vida. No es necesariamente la misión que Dios o la Energía Suprema tiene para nosotros, sino es mas bien la misión que sentimos que debemos asumir como parte de nuestro viaje para así estar mejor preparados para la eventual reunión con nuestro Dios.

Al entrar en nuestro cuerpo físico, el recuerdo consciente de los detalles que creamos para nuestra misión de vida pasa a nuestro subconsciente. Cuando tomamos ese primer respiro físico y entramos en este mundo, no tenemos esa información disponible. Esto nos permite tener un proceso de vida natural, donde estamos abiertos a todas esas emociones, posibilidades y experiencias. Muchos de ustedes no estarán de acuerdo con este proceso y dirán que si tuviéramos una mejor idea de cual es nuestro propósito en este mundo, no perderíamos tanto tiempo ni energía en otras cosas. Este tiempo perdido nos hace sentir poco productivos dejándonos sin esperanzas. La respuesta que recibo de nuestros ángeles es la siguiente: "si naciéramos sabiendo exactamente cual es el propósito de nuestras vidas, no seríamos capaces de lograrlo." ¡Por supuesto que esto no tiene ningún sentido! Si nacieras sabiendo que vienes a ser un bombero y a casarte con tu primer amor, podrías evitar errores y pérdidas de tiempo. En este proceso predeterminado se perdería el razonamiento emocional que motiva a estas decisiones. En el mundo real según los ángeles cuando eras adolescente, a lo mejor presenciaste un terrible incendio en frente de tu casa. Viste a la gente gritar, llorar y vistes la desesperación en las caras de tus vecinos. Vistes a los bomberos llegar, tomar el control de la situación, salvar a algunas personas y el agradecimiento de aquellos individuos luchando por sus vidas. Presenciaste y viviste el agradecimiento de ser responsable por ayudar a otros. Esa experiencia emocional creó un estímulo en tu alma que te motivó a convertirte en bombero. Sentiste la desesperación de esa gente alrededor tuyo cuando niño y te diste cuenta del valor de la vida.

Si te hubieras convertido en bombero porque simplemente sabías que era una de tus misiones en esta vida, harías el trabajo sin el valor emocional conectado a ello. En vez de seguir un camino directo hacia la meta con poco sentido de auto crecimiento, compasión, aprendizaje o interacción, usarías tu libre albedrío para conseguir el poder emocional que te lleva a completar tu experiencia de vida a un nivel óptimo. El entender esta idea nos permite tomar rumbos inesperados en nuestras vidas, que son cambios puestos por nuestros ángeles. Algunas veces estos pequeños obstáculos que se nos presentan en nuestro camino, son señales de nuestros ángeles indicándonos que nos hemos salido de nuestro curso o quizás avisándonos que necesitamos tomar un nuevo rumbo. Ellos están tratando de alinearnos con nuestra misión de vida. Obviamente, al tener este libre albedrío en nuestras manos, podemos ignorar también estos cambios o destinos que se nos presentan repetidamente frente a nosotros y retrasar o perder estas experiencias relacionadas con nuestra misión de vida. Una vez más, no somos creados por Dios para ser títeres sin ningún sentido individual sobre lo que queremos experimentar. Nuestros ángeles, con su amor incondicional, nos sirven de guías turísticos en la vida, llevándonos a viajes y experiencias para ayudarnos a cumplir nuestra misión de vida tanto como sea posible.

Ahora hablaré brevemente de la segunda filosofía antes de cubrir las técnicas actuales de enfoque que nuestros ángeles desean que comprendamos. Esta segunda filosofía que va mano a mano con la primera, es el concepto de destino. Nuestros ángeles dicen que necesitamos abrir nuestras mentes a la idea de que no hay coincidencias, sino más bien una serie de eventos maravillosos que se han orquestado diariamente en nuestras vidas. Hay un sentido divino de propósito en nuestras actividades diarias y debemos estar alertas a la nueva información y a los cambios que se nos presentan. Las personas que conocemos, los libros que nos llegan a las manos, las películas que vamos a ver o las invitaciones que nos hacen, todos nos sirven de señales para que las tomemos o las coloquemos como un rompecabezas y lograr nuestra misión de vida. Había un programa de televisión hace algunos años llamado "Juana de Arcadia" y presentaba esta idea con una simplicidad muy bella. A una adolescente en secundaria que tiene contacto con Dios en varias formas humanas, se le pide constantemente participar en proyectos nuevos donde ella no tiene idea de los resultados. Al final, los resultados sirven como lecciones importantes de aprendizaje para ella y para aquellos a su alrededor. El destino es una serie de eventos hacia los cuales tu alma va a tener una atracción magnética durante la vida, a pesar del mismo deseo consciente de evadirlos. Estos eventos son asuntos muy importantes que tú creaste para tu misión en esta vida y unos tienen más peso que otros. Tú podrás evadirlos unas cuantas veces pero eventualmente antes de que la lucha haya terminado te llegará el golpe que te vencerá.

Conforme tomamos estas dos filosofías y las unimos, comenzamos a permitirle a la vida entrar en nuestros corazones y almas con mucho menos dificultad. Comenzamos a tener más claridad en las decisiones que tomamos y nos permitimos participar en la danza de la vida. No nos quedamos mas sin participar, preguntándonos si alguna vez cruzaremos hacia la pista de baile. Comenzamos a estar mas ansiosos de una manera positiva, cuando algo nuevo o difícil se nos presenta. Ya no tenemos que anticipar más cambios con un sentido de miedo o de fracaso. Nuestros ángeles nos dicen que al abrirnos a los cambios, aceleramos el proceso de conectarnos con nuestra misión de vida. Desafortunadamente, ellos también nos dicen que en este punto de la existencia humana, el alma promedio al morir físicamente, está cumpliendo solamente con un cincuenta a un sesenta por ciento del total de su misión de vida. Estos no son resultados muy buenos.

Comencemos a entender el poder que tenemos como seres humanos. Los ángeles nos dicen que Dios, o la Energía Suprema, creó al género humano para ser compañeros en la creación. Este es un privilegio que la mayoría de los seres humanos no aceptamos.

Lo que este concepto implica, es que con el uso de la imaginación y visualización, podemos ver y crear soluciones mentalmente que a su vez se pueden convertir en realidades. Todo lo que usted piensa se energiza automáticamente y una vez que se energiza, se conecta con la intención y el movimiento, haciendo que sea liberado al universo. Nuestras mentes son responsables por crear nuestra realidad diaria, dependiendo en los pensamientos que manifestamos. Como mencioné en el capítulo de la salud, las ideas sobre una enfermedad pueden atraer o prevenir su existencia. Esto también se aplica a todo lo demás en lo que usted se enfoque.

Digamos que una de sus mayores preocupaciones en estos momentos es la falta de dinero. Este es un tema que nos afecta a un gran porcentaje de nosotros. Si piensas constantemente que te falta dinero, también estás energizando esta idea diariamente. Mientras más te enfoques en esta carencia, mas escaso se convertirá el dinero en tu vida y este es el mensaje que estás enviando al universo. Usando tu imaginación, haciendo ejercicios de visualización y teniendo pensamientos positivos, puedes cambiar esta carencia en abundancia. En vez de enfocarte en el problema, nuestros ángeles quieren que nos enfoquemos en la solución que queremos y así podemos energizar la solución, en vez de energizar la escasez. Si sabemos que nuestras mentes siempre van a energizar nuestros pensamientos, la idea de tener pensamientos negativos y preocupantes se vuelve menos lógica.

Los ángeles dicen que una vez que creamos un pensamiento o idea, dependiendo de nuestra reacción positiva o negativa, nosotros creamos un resultado o una manifestación. Un individuo que constantemente ve miedo en su vida, tendrá que enfrentar más miseria y complicaciones que una persona regular. Otra persona que ve esperanza y posibilidades, tendrá más logros. ¡No tenemos limitaciones cuando se trata de imaginación y visualización y esto fue diseñado para ser exactamente así! Filósofos famosos, inventores, escritores y artistas comenzaron sus grandes creaciones mentalmente, inventando la posibilidad de llevar esas ideas a la realidad. Dios no nos creó para ser limitados en forma alguna sin embargo, somos muy buenos en crear estas limitaciones. He conocido a muchas personas que me han dicho que ellos han pasado por experiencias muy difíciles en sus vidas, mas cuando han necesitado ayuda, le rezan a Dios y Dios encuentra la forma de darles algo de lo que pidieron en sus oraciones. Sin quitarle a Dios su mérito por concedernos gracias en la vida, estas personas también estaban usando sus mentes para enfocarse en una necesidad, lo que eventualmente se convierte en su realidad en unión con la bendición de Dios.

Veamos el tema sobre la falta de entradas financieras, que es un área de mucha preocupación de los clientes que vienen a verme y de la mayoría de nosotros. Si en la noche, justo antes de irnos a dormir podemos seguir este simple ejercicio, esto nos creará mas oportunidades económicas. Visualízate yendo al banco todos los días haciendo un depósito tras otro. Tu mente tiene mucha dificultad distinguiendo entre su imaginación y la realidad. Al verte haciendo estos depósitos en tu mente repetidamente, comienzas a aceptar esto como un proceso de tu vida diaria. Energiza estos pensamientos y comienza a liberarlos hacia el universo. El universo va a necesitar crear oportunidades en tu vida para convertirlas en realidad, esto a su vez traerá ganancias económicas y te pondrá en una posición de hacer más depósitos en tu cuenta bancaria. Debes entender que esto no significa que te convertirás en millonario de una vez. Lo que significa, es que se presentarán oportunidades y cambios en tu vida, que te llevarán a aumentar el flujo de tus ganancias económicas. También puedes visualizarte llegando a casa, abriendo el correo y encontrando un cheque por cinco mil dólares a tu nombre. A los ángeles no les importa la imagen que uses, únicamente no debes crear limitaciones y siempre usa una imagen para tu máximo bienestar sin hacer ningún daño a otros. De esta manera, estás manifestando posibilidades para eliminar tus problemas económicos, en vez de enfocarte en la falta de dinero.

Otro ejemplo de la técnica de enfoque, viene de una experiencia de mi vida personal. Este ejemplo involucra la visualización para evadir una condición médica peligrosa. A la edad de diecinueve años yo estudiaba en la universidad con una beca parcial. Participaba activamente en los deportes y estaba comenzando a trabajar para la compañía telefónica local. Comencé a tener un leve dolor en la parte baja de mi espalda que no desaparecía. Con el tiempo fui a un doctor, que decidió hacerme unos exámenes y tomarme unas radiografías. Finalmente concluyó que yo tenía un tumor pequeño alrededor de la parte inferior de la espina dorsal. Debido al lugar donde se encontraba el tumor y al tamaño del mismo, los doctores me informaron que cualquier tipo de cirugía podía llevarme a una posible parálisis parcial o total, porque el tumor estaba conectado directamente a la columna vertebral. Esto sucedió en los años setenta, cuando mucha de la tecnología médica moderna que se usa hoy en día no estaba disponible. Le pedí al doctor que me diera tiempo para decidir sobre el tratamiento que quería seguir. El estaba indeciso porque mientras mas pasaba el tiempo, el tumor continuaría creciendo y crearía más complicaciones. Una biopsia parcial también mostró un crecimiento celular anormal que podía convertirse en cáncer. El doctor acordó en darme una semana para tomar una decisión. Mis opciones consistían en hacerme la cirugía y quedar paralizado de una forma u otra, ignorar el dolor y posiblemente lidiar con cáncer, o usar el poder de mi mente que ya estaba desarrollándose psíquicamente. A esa edad todavía no había desarrollado la habilidad de comunicarme con mi Angel Guardián y buscar su consejo. Decidí concentrarme en remover el problema en vez de preocuparme por el. No podía verme en una silla de ruedas ni lidiando con cáncer. También estaba muy joven para rendirme a la idea de que mi vida se iba a acortar por ese problema. En ese tiempo no sabía en realidad lo que era la meditación, pero si sabía y respetaba el hecho de que la mente era muy poderosa. Por las muchas experiencias psíquicas y espirituales que había tenido hasta esa edad y el hecho de que yo había podido sanar a otros en mi familia, sabía que la situación no era desesperada. Lo que hice fue usar mis técnicas de visualización por una a dos horas cada noche antes de dormir. Me enfoqué en lo opuesto a lo que decían los doctores. Ellos decían que el tumor continuaría creciendo y yo me concentraba en el tumor reduciéndose. Imaginaba atando una cuerda alrededor del tumor, apretándolo mas y mas fuerte, forzándolo a hacerse mas pequeño. Otra visualización que usé, fue imaginarme que tenía soldados con ametralladoras dentro de mi cuerpo explotando el tumor. También imaginé un pequeño martillo entrando en mi cuerpo y rompiendo el tumor en pequeñas partes. En cuestión de tres o cuatro días, gran parte de mí dolor empezó a desaparecer. Continué las técnicas de visualización por otros seis días, más tiempo de lo que el doctor quería que esperara y después regresé al hospital para el examen de seguimiento. ¡Las nuevas radiografías y otros exámenes revelaron que todo el tumor había desaparecido, sin dejar ningún rastro del crecimiento anormal de células en esa área de la espina dorsal!

He usado esta técnica en mi vida muchas veces, no solamente para asuntos de salud sino también para atraer cambios en mi carrera. Mientras trabajaba en construcción para la compañía telefónica, un accidente serio me obligó a dejar mi trabajo al aire libre y aceptar un trabajo de escritorio dentro de la compañía. Fui transferido a una oficina donde tenía que aprender a usar computadoras y a atender a clientes por teléfono. La idea de ir de un trabajo en un ambiente independiente y al aire libre donde yo manejaba una lista de asignaciones diarias según mi horario y ahora ir a un trabajo dentro de una oficina sin ningún sentido de libertad, era simplemente horrible. Decidí que era tiempo para buscar un cambio. La mayoría de los compañeros de trabajo en ese departamento tenían mucho más antigüedad en el trabajo que yo, así que la idea de ser ascendido o transferido a algo mejor no era realista. Como trabajaba con una computadora todos los días que usaba una clave para accesarla, decidí probar de nuevo el poder de la mente. Cambié mi código de seguridad a "projun94", esto sucedió en enero de 1994. Tenía aproximadamente dieciséis años con la compañía, estaba con mucha tensión y necesitaba un cambio. La parte "pro" en el código representaba promoción, mientras que la parte "jun94", representaba el tiempo que yo me daba para convertir esta promoción en realidad. Podía ver este código de seguridad todos los días y me concentraba en el significado detrás de él. Llamémoslo destino o misión de vida, mi Angel de la Guarda y la vida jugaron sus papeles y un mes después mi supervisor, quien aparentemente vio un potencial en mi, me preguntó si quería tomar un examen para ser considerado en posiciones de gerencia. ¡Pasé el examen y en mayo de 1994 me aprobaron para un cargo nuevo de gerente que fue efectivo a partir de junio de 1994!

Necesitamos aprender a enfocarnos en aquellas cosas que van a mejorar nuestras vidas, en vez de reciclar aquellas cosas que nos han traído dificultad a nuestra existencia. Puede que no podamos cambiar nuestras vidas rápidamente simplemente viendo los resultados que queremos, pero definitivamente, podremos crear cambios que nos traerán estos resultados mucho más rápido. Podemos acelerar el proceso de eliminar o aliviar situaciones indeseadas de nuestras vidas mucho más rápido, en vez de enfocarnos y preocuparnos por esos temas que bloquean nuestros caminos. Como sabemos que tenemos control en el desenvolvimiento de nuestras vidas, podemos ver los obstáculos como bloqueos temporales o como lecciones y no simplemente como caminos sin salida. Necesitamos saber que tenemos la capacidad de atraer estas experiencias que pueden mejorar nuestra habilidad para cumplir nuestras misiones de vida. Al concentrarnos en nuestra habilidad para sobreponernos de las preocupaciones, no solamente evadimos más complicaciones, sino que tenemos una mejor oportunidad de aumentar las posibilidades de un cincuenta a un sesenta por ciento para cumplir nuestra misión de vida. Nuestros ángeles quieren que nos responsabilicemos de nuestras vidas y que no esperemos a que llegue algo o alguien que nos ayude. El destino jugará su parte, pero todos necesitamos enfocarnos en lo que nuestros corazones, mentes y almas desean realizar.

AFIRMACIONES PARA USAR EN AREAS DE ENFOQUE:

Una afirmación es simplemente una frase escrita que puede leerse diariamente para ayudarte a lograr una meta o para remover un obstáculo. A continuación te presento seis afirmaciones generales que podemos usar en nuestra vida diaria. Puedes también agregar o crear tus propias afirmaciones dependiendo de la situación que deseas mejorar. Recuerda una vez más, que estas afirmaciones deben ser escritas para tu máximo bienestar sin hacerles daño a otros. Estas pueden ser colocadas en áreas donde estés obligado a verlas diariamente, como en el espejo del baño, en el refrigerador o en tu mesa de noche.

Nota: haz estas afirmaciones tan detalladamente como puedas o tan simples como desees.

1. Tengo la claridad para cambiar y traer soluciones en todos los obstáculos que enfrente.

2. Reconozco que todo lo que sucede en mi vida es para mi máximo bienestar.

3. Como cocreador en este universo, puedo efectuar los cambios que necesito en mi vida.

4. No hay agendas ocultas en el trayecto de mi vida, sólo sorpresas escondidas para enriquecerla.

5. Puedo ver soluciones a las dificultades que aparecen en mi vida.

6. Mientras más me enfoco en las posibilidades positivas, descubro más riquezas y fortalezas sobre mi mismo.

Capítulo 7

Quinto Mensaje: Desconectarse

Un área de nuestras vidas que los ángeles Guardianes quieren que mejoremos es la habilidad de desconectarnos y dejar atrás asuntos difíciles de nuestro pasado. Primero, necesitamos hacer un esfuerzo para entender nuestras dificultades y hacer los cambios necesarios apartándonos de ellos sin continuar reviviéndolos en nuestras mentes. Este mensaje merece un capítulo aparte aunque la idea ya se haya discutido en alguno de los mensajes anteriores. Este problema afecta a tantas áreas diferentes de nuestras vidas que cuando no lo controlamos puede ser sumamente destructivo. En este capítulo cuando nos referimos a desconectarnos, nos estamos refiriendo a experiencias difíciles y negativas solamente. Cuando recordamos incidentes positivos en nuestras vidas, nos producen vibraciones positivas, así como también mejoran nuestra habilidad para seguir adelante. De manera que todas aquellas memorias que apreciamos de nuestra vida, debemos revivirlas tantas veces como queramos, sin limitaciones.

Todos nosotros vamos a experimentar en algún momento de nuestra vida algún problema que vamos a considerar injusto o inmerecido. Estas experiencias son parte de las enseñanzas que nos ayudan a ajustar, madurar y descubrir nuestras fortalezas. Estas experiencias abarcan todo, desde relaciones amorosas que han terminado, muertes de seres queridos, divorcios, enfermedades y desastres económicos o naturales sólo por nombrar algunas. Nadie puede prepararse para enfrentar este tipo de eventos que nos obligan a reaccionar de forma brusca y abrupta. Nadie se despierta cada mañana preguntándose si hoy va a ser el día que la casa se va a quemar por accidente o si su pareja decidirá no regresar a casa. Nos programamos para lidiar con la rutina diaria de nuestra existencia. Aunque no planeamos este tipo de experiencias, estas ocurren a diario. A menos que hayas venido a una vida llena de felicidad, eventualmente enfrentarás problemas y por ende estos generarán traumas.

Como seres humanos, siempre esperamos tener experiencias positivas en nuestras vidas, casi como premios por los desafíos que hemos tenido que enfrentar. Cuando nos enfrentamos a un evento negativo inesperado, normalmente nos agarra desprevenido. Cuado somos niños nos enseñan que nos van a premiar por buen comportamiento. Este concepto se nos graba en nuestras mentes mientras nuestros padres buscan formas para que ayudemos en la casa y luego continúa en el colegio, donde las notas se basan en nuestro comportamiento. Durante los primeros años en el colegio nos empujan a la competencia y a la aceptación. A los niños se les dice que saquen las mejores notas y que se conviertan en los mejores atletas porque con el tiempo atraerán los mejores premios como son las becas, la popularidad, el respeto de los compañeros y de los profesores a la vez. Al llegar a la secundaria, nos han programado a pensar que para poder lograr algo en la vida tenemos que luchar para ser mejores que los demás a nuestro alrededor. Al convertirnos en adultos, usamos esta misma filosofía, que mientras seamos buenas personas y trabajemos duro, seremos recompensados en la vida. Lo triste es que esto no siempre es cierto. La mayoría de nosotros continuamos en algún nivel de lucha donde las recompensas no contrarrestan las dificultades.

La sociedad nos dice que mientras seamos mejores personas, mas lograremos y mejores oportunidades tendremos en lo que llamamos la vida real. Dependemos mucho de esa constante necesidad de lograr para poder elevar nuestra autoestima. Al entrar en la universidad y al llegar a ser adultos, esto se convierte en una lucha o esfuerzo constante para encontrar la pareja, el trabajo, la casa, el carro o el nivel social perfecto. No es hasta que avanzamos en edad que nos damos cuenta que hemos pasado tanto tiempo buscando el reconocimiento, que hemos fallado en dárselo a las personas que mas queremos a nuestro alrededor. Dado este énfasis a la ambición y al logro, especialmente en los Estados Unidos, mucha gente se encuentra en diferentes estados de depresión, sumamente estresados en su trabajo y están lidiando con problemas de baja autoestima y falta de ambición.

Tomando todos estos aspectos en consideración, vivimos esperando diariamente por la próxima oportunidad que nos va a llevar un paso mas arriba en la escalera del éxito. Si el próximo escalón llega a ser una situación negativa, nos destruimos emocionalmente y sicológicamente porque el premio esperado termina siendo un castigo. Nuestros ángeles Guardianes dicen que debido a que nos conectamos muy rápido con el enojo y con el odio cuando tenemos un contratiempo, creamos un bloqueo emocional de energía. Este bloqueo crece cada vez que pensamos en ello. Como lo he mencionado muchas veces, los pensamientos tienen energía e intención y cuando retomamos ese pensamiento y le damos más énfasis, también energizamos ese bloqueo inicial. Dicho bloqueo continuará recibiendo energía hasta llegar a su límite. Como las leyes de física nos dicen, cuando se crea un exceso, eventualmente se tiene que desbordar. De manera que cuando nuestros bloqueos emocionales explotan, serán manifestados como un problema mental o físico.

Ninguna memoria se pierde jamás. Somos responsables de grabar todas nuestras memorias en nuestros cuerpos celulares a través de todas nuestras vidas. Lo que aprendemos es a bloquear las memorias dolorosas de nuestras mentes conscientes. Son bloqueadas de nuestra capacidad de lidiar conscientemente con ellas, sin embargo todavía están llenas de energía en nuestra mente, cuerpo y alma. Esta memoria pesada todavía existe en un nivel muy poderoso dentro de nuestro subconsciente y eventualmente necesitará ser resuelta. Por eso creo firmemente en hacer regresiones para resolver desafíos inexplicables en nuestras vidas presentes. En muchas ocasiones, una memoria de una vida pasada o un incidente que fue bloqueado será manifestado como un desafío en la siguiente vida.

Desconectar, soltar y entender los desafíos que encontramos en nuestras vidas es esencial para mantener una vida saludable.

Desconectarse va mano a mano con el mensaje previo relacionado con el tema de enfoque. Es en realidad, el paso que se requiere justo antes del enfoque. Cuando se nos presenta una situación difícil o negativa, primero tenemos que vivirla, dejarla atrás y luego enfocarnos para encontrar la mejor forma de manejarla. Si somos incapaces de desconectarnos, la energía necesaria en el proceso de enfocar se debilita y eventualmente no hay la posibilidad de una productividad positiva.

El perdón es otro elemento poderoso involucrado en el proceso de desconectarse. Es un proceso sumamente poderoso por medio del cual se nos permite continuar en nuestro viaje. Antes de involucrarme mas en el proceso de perdonar, permíteme compartir un caso que tuve, el cual me permitirá ilustrar el punto que quiero cubrir. Una mujer alrededor de sus cuarenta años de edad me vino a ver por una consulta por problemas de salud y su incapacidad de quedar embarazada. Durante la consulta, su Angel me informó que muchos de sus problemas se originaban por una situación de su vida pasada mas reciente.

Cuando un ángel Guardián decide contarme sobre la vida pasada de alguien, se abre una pantalla energética detrás de mi cliente del tamaño de cinco pies de ancho por tres pies de altura aproximadamente. Me recuerda a las películas antiguas de proyector que mi papá me mostraba cuando era niño. Puedo ver los eventos de la vida del individuo como también escuchar las conversaciones que se llevaron a cabo. Esta es una de mis habilidades psíquicas que he hecho miles de veces y que sin embargo todavía me asombra cuando ocurre.

En la vida pasada de esta mujer, ella era una mujer, la hija mayor de seis hijos, que vivía en Europa Occidental durante los años 1800. A una edad temprana, debido a dificultades económicas en su familia, fue retirada del colegio por sus padres para ayudar en la casa y cuidar de sus hermanos menores. Al cumplir quince años, parecía una madre de treinta años. Ella deseaba escapar de este estilo de vida y decidió casarse a los diecisiete años con un hombre que no amaba, como una vía para escaparse de todas las responsabilidades en su casa. Además de todos los deberes que hacía en su casa, tenía una relación difícil con sus padres y no tenía ningún nivel de comunicación con ellos. Se sentía atrapada y no apreciada y la idea de sólo atender a una persona, en vez de un hogar entero, no podía ser mucho peor. El hombre con quien se casó le llevaba diez años, trabajaba muy duro y era un poco más estable financieramente que sus padres. El la adoraba, pero en su corazón ella no podía corresponderle con los mismos sentimientos. Básicamente ella uso este matrimonio como una forma de independizarse de su familia. Hasta trató de evadir el contacto sexual con su marido por miedo a quedar embarazada y luego tener mas ataduras hacia el. Su objetivo era quedarse con su esposo por un año aproximadamente, ahorrar algún dinero y encontrar alguna forma de dejarlo para obtener alguna libertad y hacer lo que ella quisiera. Después de algunos meses de matrimonio, no pudo evadir su insistencia y se vio forzada a entretenerlo sexualmente. Ella tuvo miedo de que la abandonara antes de que ella pudiera poner su plan en acción. ¡Ocho meses después de su matrimonio, descubrió que estaba embarazada! Ella tuvo miedo que si compartía esta información con él se le complicarían los planes, así que tuvo que inventar una solución a sus planes rápidamente. No tenía ningún tipo de educación, le faltaba delicadeza en la comunicación, no sabía leer y no tenía conocimientos de como este embarazo iba a desarrollarse exactamente. Ella había visto a su madre embarazada muchas veces y conocía las dificultades que eso implicaba, especialmente durante los últimos meses de embarazo. Le faltaba también algo de razonamiento y sentido común y se preocupaba más a medida que pasaban los días. Una noche que estaba sola en la casa y desesperada, empezó a tomar licor para calmar sus nervios. Después de un par de horas y emborracharse, se le ocurrió una idea salvaje. Se quito la ropa, caminó hacia la chimenea y tomó una vara de hierro. Puso la punta de la vara en el fuego hasta que resplandecía del calor. Tomo un respiro profundo, se acostó en el piso, abrió las piernas y se metió la vara lo más profundo que pudo. Pego un grito horrible porque el dolor que producía la vara era insoportable. Se desmayó por el dolor tan terrible y la sangre que caía por todas partes.

El esposo llegó poco después para encontrar a su esposa en el piso, desnuda, inmóvil y llena de sangre de la cintura para abajo. La cargó y se dio cuenta que todavía respiraba. La cubrió y se la llevo en su carruaje lo más rápido que pudo hasta el doctor más cercano.

El doctor pudo parar la hemorragia y salvarle la vida. Cuando ella se recuperó, se le dijo que ella no solamente había matado a su bebe, sino que también había destruido cualquier chance de tener hijos en el futuro. Cuando su esposo se enteró que había hecho esto a propósito, el esposo enfurecido la expulsó de la casa y fue rechazada como una paria por toda la comunidad. Aunque ella era atractiva, ningún hombre le prestaba atención. Cayó en una depresión que aumentaba con el pasar de los años. Se rehusó regresar a vivir con su familia y se fue a vivir sola en una pensión donde le tocó trabajar como prostituta para poder sobrevivir.

Una noche ya en sus treinta años, después de esfuerzos frustrados para conseguir algún tipo de balance emocional en su vida, decidió que el suicidio sería la única respuesta. En su interior, sabía que le faltaba la valentía para quitarse su propia vida, así que decidió ir a caminar solamente. Salio por detrás de su casa y caminó en la oscuridad por horas sin ningún rumbo definido. Todo lo que podía ver era el contorno de los árboles altos y las sombras que se formaban con la luz de la luna. Cayó de rodillas y comenzó a llorar. Enojada y llena de rabia, miró al cielo y comenzó a gritarle a Dios por arruinarle su vida. Le dijo a Dios que lo odiaba, que no necesitaba a nadie en su vida y que no necesitaba a niños o a padres que la cuidaran y que podría sobrevivir sola. Después de un tiempo se levantó del suelo y se fue a su casa lentamente. Murió tres años después por complicaciones del corazón.

Según nuestros ángeles, cuando llegamos al momento de morir, se nos da una oportunidad de revisar nuestras vidas. Vemos un video de todos nuestros logros, fracasos y defectos. Al revisar su vida, el espíritu de esta mujer no podía dejar atrás la rabia que había acumulado durante la vida que acababa de perder. Estaba disgustada porque nada en su vida le había salido bien, especialmente su incapacidad de dejar permitir el amor en su vida y tener hijos. El fracaso de su espíritu de no dejar atrás estos asuntos y su decisión de regresar a su vida actual la forzaba actualmente a hacerle frente a las consecuencias. Las situaciones difíciles en su vida presente eran causa directa de lo que no era capaz de dejar atrás en su vida pasada. Ahora, no podía mantener una relación por más de dos años. Decía que sus parejas la trataban como basura y abusaban de ella.

No podía tener un hijo aunque no había razón médica para ello. Peor aún, su madre en esta vida la abandonó a los diecisiete años cuando la mataron en un callejón mientras se prostituía.

Su Angel le explicó que cuando tenemos momentos de mucha rabia, decretamos cosas producto del odio y de la rabia y esta declaración se graba en la memoria de nuestra alma. Si no somos capaces de dejarla atrás y liberarla en el estado espiritual, se manifestará como un asunto por resolver en nuestra vida presente. Esto nos enseña dos lecciones muy importantes. Nos muestra que nuestra alma y mente pueden muy poderosas, así como también pueden ser muy delicadas cuando se cargan de energía negativa. Esta cliente abandonó a su familia cuando tenía diecisiete años y en esta vida, su madre se fue a la misma edad. Ella destruyó a su hijo en la vida pasada para evadir la responsabilidad de tener un hijo con un hombre que no quería. En esta vida, no podía tener hijos y no podía conseguir a un hombre que la quisiera. Ella entró en la prostitución en su vida pasada debido a la desesperación, la falta de educación y de habilidades. En esta vida, su madre perdió su vida debido a la prostitución. Esta cliente también compartió conmigo que no terminó la universidad por miedo a no graduarse y experimentar más fracasos. En su subconsciente, al conservar todo lo malo que le pasó en su vida pasada, había creado caminos de fracasos y desilusiones en su viaje presente. La mejor parte de las regresiones, así sean hechas por medio de la hipnosis o a través de un medio psíquico como yo, es que cuando la persona entiende la causa de muchos de sus problemas, tiene mejor oportunidad de resolverlos y hacer cambios al respecto.

Con el ejemplo previo, observamos el peligro de retener los asuntos negativos que pueden causar una perdición eterna. Esto nos puede hacer daño en el crecimiento de nuestra vida actual como también en la posibilidad de una vida futura. Por eso siempre les digo a mis audiencias cuando doy una charla, que liberen las experiencias difíciles. Trata de resolver tus asuntos en una forma positiva, no guardes rencores y siempre trata de liberar las rabias no deseadas. Los divorcios, las muertes, los fracasos financieros y emocionales, necesitan ser entendidos y procesados. De esta manera, nos permitirán crecer como seres humanos y expresarnos como seres espirituales. Estas situaciones no suceden para detener nuestro crecimiento ni interrumpir nuestro camino. Estas experiencias a veces las solicitamos antes de nacer para ayudarnos a aprender alguna lección específica. Nuestros ángeles nos informan que venimos con un gran control sobre nuestras experiencias y el determinar como manejarlas dictará la pauta de nuestro avance en la vida.

Esto nos lleva de nuevo al tema del perdón. El perdón no es algo fácil de hacer, pero nos sirve como una herramienta poderosa para balancear nuestras vidas La habilidad de perdonar crea una fluidez de energía que contrarresta las vibraciones negativas. Esta herramienta se puede expresar hacia otro individuo que te haya causado dolor o hasta una situación que Dios te haya puesto en tu camino. Uno mismo se puede perdonar por una acción o acto del cual uno haya sido responsable. Todos necesitamos tomar un momento de calma y revisar nuestras vidas en diferentes puntos. Necesitamos ver si estamos guardando resentimientos o sentimientos negativos. Necesitamos liberarlos realmente y dejarlos ir para poder evadir un desbalance energético que nos puede destruir emocionalmente, mentalmente, físicamente o espiritualmente.

Quiero que entiendas que cuando digo que necesitamos dejar atrás cosas negativas en la vida, no significa que simplemente aceptes las dificultades sin ningún tipo de enojo o resentimiento. Estas emociones son parte del ser humano. Lo que quiero es enfocarme en descubrir una forma de tratar con ellas después de que el enojo o resentimiento se haya almacenado. Una vez que te molestes necesitas enfocarte en crear un cambio o tomar una acción lo cual compensará la parte negativa que esté presente. Encuentra una solución para los eventos inesperados y luego libera el enojo original. Esto no es fácil de lograr y en mis consultas casi el ochenta por ciento de las veces, estos asuntos son los que rodean la vida de la persona. He visto muchos clientes que vienen a mis consultas con viejos patrones de rabia que les ha impedido ser personas amorosas y funcionales en su totalidad. En estos casos tengo que ser psíquico y asesor a la vez para ser mediador entre mi cliente, su Angel Guardián y la información que tiene que ser resuelta y transmitida. Debo ayudar al cliente a entender la causa del enojo y sugerirle maneras de cambiar para que los sucesos por venir sean comprendidos y usados para seguir adelante en una forma positiva.

Ejercicio para poder Desconectarse.

Hay un ritual maravilloso que mi antiguo socio y yo solíamos realizar en muchas de nuestras clases para ayudar en el proceso de "desconectarse". Se le conoce como la Ceremonia del Envase para Quemar. Se usa en muchas culturas de muchas formas distintas con el fin de liberar. Comienza colocándote en una posición relajada y entra en un estado de meditación leve por cinco a diez minutos aproximadamente. Esta meditación debe ser enfocada para ayudarte a drenar el estrés, para aclarar tu mente y conectarte con tu Yo superior. Tu Yo superior es aquella parte de tu mente y de tu alma que acepta el ser humano que eres y está en conexión directa con tu potencial mas elevado. Para lograrlo, toma varias respiraciones profundas, cuenta hasta cinco y suelta la respiración contando hasta tres. Respira de nuevo hasta contar hasta cinco. Repite este ejercicio hasta que estés concentrado en tu respiración y no en tus pensamientos. Después de cinco o diez minutos abre los ojos lentamente y mantén este nivel de relajamiento.

Después de esta corta meditación, toma papel y lápiz y escribe todo lo que te molesta en tu vida, lo que te haya traído dolor o cualquier otra situación que creas que fue injusta o dolorosa. Para algunas personas, esto les puede tomar varias páginas, mientras que para otras sólo quieran tratar o ventilar un asunto específico. Haz todo lo posible por buscar en tus archivos emocionales y sacar todos los asuntos negativos que haz estado manteniendo profundamente en el fondo de tu corazón. Después de escribir estas palabras, junta las páginas y colócalas en el envase de metal, que debe de contener arena o tierra. Toma un fósforo y con los papeles en la mano, quema una de las esquinas y déjalos caer en el envase. Observa el envase mientras se queman todos los papeles y se convierten en ceniza.

Puedes hacer este ritual muy sencillo o lo puedes hacer muy elaborado quemando velas, incienso y escuchando música de fondo. Puedes usar un papel mágico, que cuando se enciende completamente desaparece en el aire y te hará sentir con más intensidad que lo que escribiste desaparece de tu energía. Puedes hacer una afirmación durante la ceremonia para enfatizar tu decisión de rehusar a continuar con estas cargas. Este ritual hace que tu Yo superior te permita a ti y a tu energía dejar atrás estos recuerdos y vibraciones negativas de tu alma, karma, presente, pasado y futuro. Esta ceremonia te permitirá hacer mas espacio para que entren las experiencias positivas. Recuerda que lo que guardas dentro de tu corazón genera energía y esta energía necesita ser consumida con experiencias positivas y no negativas.

A continuación presento una afirmación que puedes usar durante esta ceremonia si no encuentras las palabras adecuadas para hacerlo. Después de que escribas tu testimonio, dobla los papeles, sostenlos en tu corazón y repite las siguientes palabras en silencio o en voz alta:

"Hoy me doy permiso para liberar de mi corazón, alma, cuerpo y mente las situaciones que me han herido, me han traído tristeza o me han obligado a desconectarme del amor. No deseo cargar mas este peso en mi campo de energía y desde hoy decido soltarlo de regreso al universo donde será liberado apropiadamente. Me abro ahora al amor, a experiencias y a cambios positivos. Yo me amo demasiado para ser perturbado por viejos recuerdos, los cuales no me sirven para ningún propósito en mi vida. Así es y así será..."

Procede entonces a quemar los papeles y échalos en el envase. Este mismo ejercicio puede hacerse también con un pequeño cambio para las situaciones donde tu necesitas pedirle perdón a alguien que heriste pero no eres capaz de hacerlo en persona, bien sea por complicaciones, miedo o porque la persona no está viva. Escríbele una carta a esta persona, sigue los mismos pasos de esta ceremonia y quema la carta dentro del envase.

Como punto final en el tema de desconexión, nuestros ángeles quieren que aceptemos que estamos aquí en este planeta para ganar experiencias, no necesariamente para almacenarlas. Acepta que no importa cuan vieja sea una experiencia, lo importante es que solamente con la intención de liberarla permitirás que la energía sea removida de tu existencia. Algunas veces es aconsejable repetir la Ceremonia del Envase para Quemar en forma rutinaria para mantenernos balanceados durante diferentes etapas de nuestra vida.

Capítulo 8

Sexto Mensaje: Expresión Verbal

Otra área de nuestras vidas en la que nuestros ángeles Guardianes sienten que tenemos problemas es nuestra incapacidad para expresar nuestros sentimientos verbalmente. Ellos me dicen que nosotros tenemos tanta dificultad para expresarnos de una manera positiva, pero que de niños, no tenemos dificultad para expresarnos negativamente ni hacer comentarios dañinos. Es muy natural y fácil para nosotros decir algo que ofenda o sea despectivo cuando estamos enojados o molestos. Por otro lado es un gran reto para nosotros ver a alguien a los ojos y compartir un comentario positivo o alentador. Lo peor de esta debilidad es que muchas veces esperamos tanto tiempo para hacer un comentario positivo, que perdemos totalmente la oportunidad y luego nos quedamos lamentándolo toda la vida. Me refiero a simples comentarios como "gracias" o "te amo", los cuales racionalizamos un millón de veces antes de que las palabras nos salgan de la boca. Tanto la vergüenza como la torpeza se nos interponen, dejamos el comentario para después y luego nos damos cuenta que perdimos la oportunidad de expresarlo. Algunas veces perdemos el contacto con esa persona porque ya no está viva o pensamos que ha pasado mucho tiempo y decidimos que es mejor dejarlo así.

Mucha gente va a ver psíquicos y médiums porque desean conectarse con alguien que conocían y que ya no está en el plano físico. Piensan que quedaron algunos asuntos pendientes y que ahora, cuando la persona ya no está viva, ellos quisieran tener otra oportunidad para aclarar el asunto. Lamentablemente, muchos de estos asuntos pendientes tienen que ver con nunca haber dicho gracias o nunca haber demostrado gratitud por algo en el pasado. Yo puedo identificarme realmente con el mensaje de este capítulo porque crecí mis primeros catorce años en un ambiente familiar donde la comunicación verbal era muy limitada. Mis padres, mi hermana y yo nos queríamos mucho pero nunca hicimos ningún esfuerzo para expresarlo verbalmente. Mis padres en general eran muy tímidos y yo crecí pensando que el hablar libremente no era normal. La idea de besar o abrazar a alguien cercano era algo que nunca habíamos aprendido. Aparte de un abrazo ocasional o un beso de mi madre de buenas noches antes de ir a dormir, yo crecí con un contacto verbal y físico limitado en mi familia. Rara vez expresábamos un gesto de amor físico o verbal aunque no teníamos dificultad de gritar o vociferar cuando estábamos molestos. Sin embargo, lo raro de todo esto era que a menudo, mis padres esperaban que mi hermana y yo expresáramos fácilmente afecto a los demás. Un ejemplo de esto era cuando de niño íbamos a visitar a mi bisabuela, a quien sólo veía una o dos veces al año. Generalmente yo le tenía miedo a la gente anciana y mi bisabuela tenía más de ochenta años. Mis padres me miraban incitándome a ir y darle un abrazo tan pronto entrábamos a su casa. Luego ella procedía a sofocarme en su pecho y el tiempo parecía interminable antes de que me soltara. Era muy incómodo estar tan cerca físicamente de alguien a quien yo consideraba un ser extraño, sin embargo, ella hacía todo lo posible para que mi hermana y yo nos sintiéramos bienvenidos y amados. Yo no entendía la importancia de demostrar este afecto físico cuando no era un requisito en nuestro hogar.

Fue después de mi graduación del bachillerato, que noté a mi mamá abriéndose más socialmente con los extraños y era más cariñosa con mi hermana y conmigo. Nos habíamos mudado de Nueva York a Miami, Florida y a lo mejor la atmosfera más tranquila que Miami en los años setenta, le permitió a mi familia abrirse más. Habiendo sido criado en una atmósfera donde no había contacto, no había abrazos ni besos, se me hizo complicado abrirme y compartir algunas de las experiencias psíquicas difíciles que estaba atravesando. Yo era extremadamente tímido, en parte por la timidez de mis padres y en parte por el hecho de que yo vivía una doble vida con mi estilo de vida psíquico, escondido de mis amigos y de los miembros de mi familia en general. Escondí esta parte psíquica para evitar hacer el ridículo y ser rechazado, además esperaba que desapareciera si no hablaba de esto con nadie.

Justo después de la secundaria fue cuando comencé a abrirme más socialmente. Me involucré en actividades en la universidad y me volví más comunicativo con respecto a mis ideas y creencias. Para ese entonces, estaba consciente de mis habilidades de sanación y de vez en cuando ayudaba a algún amigo o conocido de la familia que estaba teniendo problemas de salud. Muchas veces ellos querían darme un fuerte abrazo por la ayuda que yo les había dado y eso me incomodaba mucho. La idea de que una persona totalmente extraña me abrazara no encajaba bien con la idea que yo tenía del comportamiento social. De manera que de una forma rápida pero educada, me separaba del abrazo y comenzaba una conversación para distraer a la persona en algo más. Inclusive a comienzos de mis treinta años, todavía tenía rastros de esa timidez que aparecía ocasionalmente. Recuerdo una vez que decidí visitar la "Iglesia Unity" en mi búsqueda desesperada por algún tipo de base religiosa. A los diez minutos de haber empezado el servicio, sin saber de que se trataba, en uno de sus rituales la gente debía de voltearse y abrazar a la persona que estaba a su lado. Lo único que yo quería era salir corriendo como un loco. No sólo había una sino varias personas esperando su turno para abrazarme. A pesar de que disfruté la meditación de apertura, intentaba llegar tarde a los siguientes servicios para evitar la parte del abrazo. Después de algún tiempo, comencé a ver la sinceridad y el amor entre esos extraños que sólo querían darme un abrazo como muestra de amor. Con el tiempo, empecé a llegar temprano y muy dispuesto a buscar a mi próxima víctima para el abrazo.

Con el correr de los años he entendido finalmente el valor de una expresión positiva tanto física como verbal. Trabajando con clientes de todas partes del mundo, puedo entender la necesidad universal de ser apreciado por otros. La triste verdad es que más del cincuenta por ciento de los individuos todavía le temen a la idea de ser abrazados o de recibir un comentario positivo. No sólo es difícil expresarlos para algunos sino también es difícil recibirlos, así como fue para mí durante mis primeros años de vida. Hoy en día, todavía tengo que mejorar el arte de abrazar, aunque he avanzado mucho en comparación a mis años de juventud.

Los ángeles Guardianes dicen que todos somos profesores, sanadores y guardianes los unos de los otros. Sin embargo, continuamos teniendo miedo de expresar amor, simpatía o simplemente de confiar en nuestros corazones y compartir algún consejo o conocimiento porque le tenemos miedo al rechazo. El rechazo puede ser tan devastador que preferimos evitarlo al máximo. Evitar una situación que posiblemente abra una puerta al rechazo es la forma más fácil para nosotros de sobrellevar confrontaciones. Muchas veces guardamos todos esos sentimientos positivos que tenemos hacia los demás y pensamos que algún día cuando todo sea perfecto y podamos manejar cualquier tipo de rechazo, volcaremos innumerables expresiones positivas verbales y físicas hacia alguien más. Repito de nuevo, la vida se puede complicar y los pocos momentos valiosos que tenemos para compartir no pueden ignorarse o guardarse para el momento que consideremos mas apropiado.

Como seres humanos tenemos mas cosas en común de lo que nos imaginamos. Nuestros ángeles dicen que si estuviéramos conscientes de cuanto nos parecemos los unos a los otros, a lo mejor trabajando juntos, muchos de nuestros asuntos y diferencias pudieran resolverse. Si pudiéramos trabajar en armonía, expresar nuestras ideas y sentimientos y tener una meta en común, perderíamos muchos de los miedos e inhibiciones que nos hacen difícil la convivencia en este planeta. Debería ser un incentivo darnos cuenta lo bien que nos sentimos cuando recibimos un comentario positivo y así devolver ese mismo comentario a alguien mas. Recuerda que una expresión positiva puede ser verbal, física o puede ser demostrada con un simple gesto de aprecio. De todas estas formas, la verbal sigue siendo la mas difícil de expresar.

Un día un joven de unos dieciocho o diecinueve años de edad vino a mi oficina para una consulta. El estaba muy nervioso desde el momento en que entró. Reconozco que la mayoría de mis clientes entran algo cautelosos porque ellos saben que van a conocer a su

Angel Guardián y van a recibir información acerca de su vida, lo cual puede ser un poco intimidante. En el caso de este joven, su nerviosismo era un poco mas de lo normal. Desde el momento en que se sentó no pudo quedarse tranquilo en la silla. Traté de calmarlo explicándole el proceso de la consulta y agregándole un poco de humor al tema de la espiritualidad. Pude ver que todo lo que el quería era terminar con la sesión y salir de mi oficina lo mas pronto posible. Cuando estaba a punto de comenzar la consulta, me preguntó si podía hacerle una pregunta a su Angel para recibir alguna guía en un área específica de su vida. Le dije que por supuesto podía hacer cuantas preguntas quisiera, pero el respondió rápidamente que no, sólo quería hacer una pregunta en particular que lo preocupaba.

Mirando hacia el piso me susurró la pregunta. Su tono de voz era tan bajo que no podía entenderle y le pedí que por favor me la repitiera. Sin subir la mirada, repitió la pregunta un poco más fuerte y me pidió que me asegurara de transmitírsela a su Angel. Su pregunta se relacionaba con querer saber si sus padres lo querían. Al escuchar la pregunta, pensé que tal vez era adoptado, tal vez perdió a sus padres cuando era mas joven o tal vez fue obligado a vivir lejos de ellos a temprana edad y que nunca tuvo oportunidad de saber esto. Resultó ser que todavía vivía en casa de sus padres, era el menor de siete hijos y todo fue siempre tan caótico en el hogar que rara vez les habló a sus padres. No quería interferir con sus estilos de vida tan ocupados, de manera que nunca hubo calidad de tiempo para sentarse y conversar exclusivamente con ellos. Este pobre joven había pasado dieciocho años con ambos padres y nunca se le dijo que se le amaba. Nunca fue recompensado ni recibió un gesto de amor como para darle una respuesta clara a su pregunta. Recordando mis años de juventud, me pude identificar con la falta de amor verbal de mis padres cuando era niño, aunque su caso parecía mas severo. A pesar de que mis padres no me abrazaban constantemente, me proporcionaban apoyo y amor sacrificándose mucho para ayudarme a entender y a manejar mis desafíos psíquicos. Cualquiera pensaría que un hombre de dieciocho años, viviendo con sus padres, estaría constantemente en un ambiente de amor fraternal. Desafortunadamente este no era el caso de mi cliente ni de muchos niños en el mundo. Se sintió complacido cuando se le dijo que sus padres realmente lo amaban pero tenían dificultad para expresarlo. Su Angel también le dio ejemplos de cosas que ellos habían hecho por él a través de los años para demostrarle el amor que le tenían. Se le dijo también que la manera de expresarle amor era limitada debido a las necesidades de los otros hijos, pero que él siempre estaba en sus corazones y que él formaba parte en el proceso de toma de decisiones de sus padres. Esta información fue de mucho valor para la capacidad de sentir amor de este joven.

Otro aspecto negativo de nuestra incapacidad de expresar amor verbalmente a quienes queremos, es el hecho de que este bloqueo lo podemos llevar hacia el nivel espiritual. Mucha gente ha muerto sin la oportunidad de decirle algo a alguien que ha sido muy importante para ellos. Muchas veces esta oportunidad perdida no le permite al espíritu descansar en paz y los obliga a no aceptar su muerte hasta que ellos lleguen a cumplir su cometido. He trabajado con muchos espíritus que han estado luchando en su mundo porque no pueden deshacerse de su ancla física en el mundo material, debido a una situación cuyo cierre quedó pendiente. Este cierre que quedó pendiente puede algunas veces llevarlo a una búsqueda, no porque el espíritu desee hacer daño, sino porque no pueden descansar hasta que estas situaciones se resuelvan. El estado de intranquilidad de un espíritu puede durar desde unos pocos días hasta toda la eternidad. Es allí donde el trabajo de algunos psíquicos y médiums que pueden comunicarse con los muertos se hace esencial y gratificante. La capacidad de darle a un individuo una nueva oportunidad para decirle algo a alguien que ha pasado a otra vida, o vice versa, puede ser muy poderosa. Le permite tanto al espíritu como al individuo, una oportunidad de cerrar los asuntos inconclusos y continuar en su transición a la vida espiritual. Esto nos demuestra la importancia de abrirnos y expresar nuestros sentimientos, especialmente aquellos que involucran compartir amor, gratitud o simples gestos de aprecio.

Sin embargo, hay otro aspecto negativo cuando nos reprimimos o no expresamos nuestros sentimientos y las emociones. Nuestros ángeles dicen que debemos entender la teoría de que todo es energía. Cuando nosotros retenemos estas emociones dentro de nosotros mismos por mucho tiempo, se convierten en energías destructivas. Después de muchos años, tal como lo mencioné en el capítulo de la salud, estas energías crean un desequilibrio en el cuerpo físico. Yo tuve otro caso en el cual una mujer de 45 años de edad estaba muy consternada sobre la muerte de su padre porque nunca se tomó el tiempo para agradecerle por todo lo que el hizo por ella. Este hecho realmente la destruyó. Mientras mas pensaba sobre esa idea de no haber hablado y compartido con su padre cuando tuvo la oportunidad, más sentía un dolor en el área de la garganta. Esta condición se volvió tan dolorosa, que con el tiempo se convirtió en una dificultad física hasta para ingerir la comida. Los doctores y terapeutas físicos trabajaron con ella sin tener éxito. Al comprender la correlación entre su angustia y el dolor en la garganta, pudo deshacerse de su problema físico poco tiempo después. Nunca pierdas la oportunidad de expresar y decir lo que tu corazón realmente desea expresar. Es esencial para tu crecimiento, para tu espíritu y algunas veces inclusive para tu salud.

Meditación de ayuda para expresarnos:

Sigue los pasos dados en capítulos anteriores para alcanzar un estado de relajamiento de mente y de cuerpo. Abre tu imaginación y escoge un lugar donde todas las personas a quienes les has querido decir algo están allí reunidas. Imagínalas a todas sentadas en cubículos individuales. El número de cubículos dependerá de cuanta gente quieras reunir. Cada cubículo está rodeado por un vidrio a prueba de sonido y por una cortina. Vas a compartir lo que sea necesario con cada persona de tres formas diferentes.

Primero, toma un lápiz y una libreta y escribe todo lo que deseas decirles. Luego acércate a cada cubículo con el papel escrito. La cortina está corrida alrededor de los cubículos para que ellos no puedan verte. Deja caer la hoja de papel a través de una abertura en la parte superior del cubículo para que la persona que está adentro pueda leer tus palabras. Dirígete a todos los cubículos siguiendo el mismo procedimiento.

A continuación regresa a cada cubículo y presiona el botón que dice audio para que ellos escuchen las mismas palabras que escribiste, pero esta vez viniendo de tu propia voz. Mientras haces esto con cada cubículo, trata de imaginar sus caras al escucharte decir finalmente las palabras que te habías guardado por tanto tiempo. Al terminar con todos los cubículos, te vas a sentir mejor sabiendo que ellos han leído y escuchado tus palabras. Ahora acércate a cada cubículo, corre la cortina y abre la puerta. Permítele a cada persona pararse frente a ti y una vez mas repíteles las palabras frente a frente. Tómale las manos y míralos a los ojos mientras repites esas palabras por última vez. Este ejercicio es para el bienestar de tu corazón y de tu alma. Ahora bien, el modo como ellos manejen o respondan a tu mensaje, no es tan importante como lo es tu habilidad para compartir los mensajes con ellos. Siente y disfruta tu capacidad de expresar las emociones y sentimientos sin el temor al rechazo y más bien siente la aceptación total. Antes de despedirte de cada persona, dales la oportunidad de que te den una opinión y de compartir algunas palabras contigo también.

Este ejercicio de meditación te permitirá desde un punto de vista energético desprenderte del estrés y de la negatividad, por haberte reservado cosas que quisiste expresar que encerraste dentro de ti y que nunca liberaste. El ejercicio completo no te debería tomar más de quince a veinte minutos, sin embargo los resultados serán incalculables positivamente.

Capítulo 9

Séptimo Mensaje: Unificación

El tema de los siguientes mensajes de nuestros Angeles Guardianes es de extrema importancia para la humanidad. De acuerdo a nuestros asistentes celestiales, se está efectuando un intercambio de energía entre lo que es el Reino Espiritual y el Plano Terrestre, un cambio que nos esta afectando a todos. Hay una energía de atracción entre estos dos mundos que podríamos describir como una unificación entre los dos. Con el fin de entender este proceso, necesitamos estar concientes de los fenómenos que han estado sucediendo en nuestro planeta en los últimos veinte años. A lo largo de la historia, la humanidad ha sido testigo de muchas maravillas espirituales como milagros, visiones, encuentros angelicales y en algunas ocasiones encuentros con extraterrestres. Durante las últimas dos décadas estos acontecimientos han sido reportados con mayor frecuencia.

Además de que la cantidad de casos reportados es mayor, también el área del planeta donde acontecen estas experiencias es más grande. Independientemente del lugar y de la religión donde estos episodios se están reportando, todos ellos tienen las mismas características. Por ejemplo, la aparición de la Virgen María ha sido vista alrededor del mundo a pesar de que imagen está asociada generalmente con la religión Católica.

De acuerdo a nuestros ángeles estamos recibiendo una llamada a despertar, así como también estamos recibiendo un pedido de los niveles más altos de los planos espirituales. Me refiero a planos espirituales en plural porque estas advertencias están viniendo de varias dimensiones espirituales. Dichas dimensiones co-existen para formar lo que llamamos Cielo o Mundo Espiritual. Dentro de estas dimensiones se encuentra el plano espiritual al cual entramos cuando morimos dejando atrás la vida material o física. Existen otras sub-dimensiones donde viven guías y profesores espirituales para ayudar a otros. Aun más alto, tenemos varios niveles en el Reino Angelical que se encargan de dirigir la mayoría de las energías representadas en nuestro planeta. Estas dimensiones nos están diciendo que necesitamos hacer algunos cambios porque tenemos un nivel muy alto de negatividad. Esta negatividad representa un peligro porque nos la estamos trayendo a los niveles espirituales más elevados cuando morimos.

Fundamentalmente, estamos contaminando los planos espirituales mientras tratamos de reconectarnos con la Fuente Superior. Es el mismo caso del individuo que tiene un virus, ignora el peligro que lleva encima y sale a contaminar a los otros que tienen contacto con él. La negatividad que tenemos en el momento de nuestra muerte no desaparece ni se queda atrás con nuestros restos físicos. Nosotros, como seres humanos, nos llevamos nuestras emociones, miedos e inseguridades, al mundo espiritual mientras nos adaptamos al nuevo nivel de existencia. La negatividad generalizada en nuestro planeta ha llegado con el tiempo, al nivel más alto y básicamente traemos algo de ella al mundo espiritual. Estamos creando de esta manera un nuevo grado de desbalance que no había existido nunca antes en este reino.

Estamos constantemente recibiendo pruebas de que hay vida después de la muerte a través de visiones y encuentros que muchas personas tienen. Muchos de estos encuentros tienen algo en común. Muchas de aquellas personas que han muerto y han pasado al mundo espiritual, no han podido descansar por asuntos negativos, no resueltos, que dejaron atrás. Hay mucha gente maliciosa y negativa que está muriendo con mucha rabia y maldad dentro de su alma. Estos espíritus también están entrando al plano espiritual llevando consigo estas emociones intensas. De manera que nuestros asistentes espirituales, encargados de velar por el reino espiritual, están observando una contaminación energética entrando en su mundo. Ellos están preocupados porque mientras nosotros continuemos avanzando de una dimensión a otra, también contaminaremos cada nivel con más negatividad.

Los ángeles me han dicho que estamos todos en una escalera, donde cada peldaño representa otra dimensión que a su vez nos lleva de regreso a la Fuente Suprema. Cada peldaño de la escalera representa una dimensión individual donde cada ser viviente está trabajando en su misión para escalar al próximo peldaño. Finalmente, todos llegaremos a una vida donde a raíz de nuestra muerte tomaremos la decisión de no regresar a otro cuerpo físico. Llegaremos a un nivel de realización total, donde todas las lecciones estarán aprendidas y conscientemente cerraremos las puertas al mundo físico. En ese momento comenzaremos a subir hacia el próximo peldaño de la escalera o hacia la próxima dimensión para aprender todos los aspectos del Reino Espiritual. A medida que pase el tiempo, dejaremos ese nuevo nivel espiritual y cruzaremos hacia la próxima dimensión. Esta es la base de nuestra evolución espiritual. Cada vez que ascendemos la escalera, ese ente, de quien y que somos, se convierte en una parte de esa nueva dimensión. Si ese ente no esta totalmente limpio de negatividad, nos convertiremos en el virus que producirá problemas en ese nuevo plano espiritual.

Ahora comenzamos a desarrollar un mejor entendimiento de la urgencia de poner nuestras cosas en orden como individuos, por la forma en que nosotros afectamos a otros niveles. Observemos ahora esta misma idea, no de manera individual sino más bien general. A medida que la humanidad ha evolucionado a través de los años, el planeta también ha hecho algunos ajustes. Las energías y vibraciones que componen nuestro mundo físico han estado bien entonadas y ajustadas para fluir con el esquema general de las cosas. Se ha documentado y comprobado por físicos, que la velocidad de rotación de nuestro planeta sobre su propio eje ha aumentado. Recordando que todos estamos hechos de energía y que nos afectan las vibraciones y frecuencias, el aumento en esta velocidad también afecta nuestro proceso individual de funcionamiento. Mírenlo como si todos fuéramos magnetos y cuando el magnetismo a nuestro alrededor es más rápido o más fuerte, no tenemos más alternativa que seguir o repeler esta nueva atracción.

La forma en que estamos siendo afectados individualmente por el aumento en la velocidad del planeta, tiene un resultado directo en lo que absorbemos y llevamos hacia la plano espiritual cuando morimos. Usemos como referencia la escalera del ejemplo anterior para entender mejor. Démosle a la escalera siete peldaños de arriba abajo. En el segundo peldaño tenemos nuestro mundo físico, mientras que arriba en la parte superior de la escalera esta la Fuente Suprema. Estoy usando estos siete peldaños simbólicamente, como un ejemplo numérico, no estoy diciendo que hay siete dimensiones en total. Necesitaría un segundo libro para llegar a esa explicación. Cada vez que avanzamos un escalón, la fuerza vibratoria es mucho más rápida y el conocimiento más elevado. Nosotros como seres humanos, vibramos a una velocidad más lenta que aquellos que son espíritu, obviamente por la densidad de nuestro cuerpo físico y aquellos en espíritu, vibran más despacio que los del Reino Angelical.

Lo mismo se puede decir de las diferentes vibraciones entre un ser humano y otro. Cada individuo tendrá un grado de vibración diferente que dependerá, entre otras cosas, de su crecimiento individual, de su madurez, de su comprensión acerca del amor y de la espiritualidad. Una figura religiosa tal como el Papa, se le conoce por emitir un cierto aire o energía a su alrededor, que la gente reconoce o siente mientras están en su presencia. Un actor con un don genuino, como por ejemplo un pianista, da una energía brillante y de capacidad artística. Algunas personas se intimidan al estar alrededor de un erudito o genio porque sienten que su propia energía no es igual a la de esa persona.

Por otro lado, una persona muy negativa y con mala suerte será totalmente ignorada y no llamará la atención de nadie en un restaurante repleto de gente debido a su bajo grado vibratorio. Una persona enferma o muy deprimida tendrá vibraciones muy bajas y estará carente de energía. Algunos de nosotros que hemos evolucionado espiritual y psíquicamente podemos incrementar las vibraciones alrededor de nuestro cuerpo energético y pasar a un nivel espiritual más elevado. Esto es lo que muchos psíquicos y médiums como yo hacemos con el fin de poder comunicarnos o visualizar a aquellos en espíritu o en los reinos angelicales. Nosotros recargamos nuestra energía con el fin de ser más compatibles con el nivel de la fuente con la que estamos tratando de comunicarnos. Es como mover el botón de la radio hasta que encontramos el nivel perfecto o la frecuencia donde la música llega más clara.

Por ejemplo, si yo estoy tratando de conectarme con un espíritu que esta cerca de mí, yo subo mi energía y mi nivel de consciencia a su nivel. Si estoy preparándome para hacer una consulta con un ángel, tengo que subir la energía inclusive más alto para ser capaz de ver al Angel Guardián de la persona para obtener información. En pocos párrafos, les he dado el concepto para entender que existimos en diferentes niveles de vibración dentro de nuestro propio planeta, al igual que dentro de otras dimensiones. También he mencionado que nosotros estamos contaminando inconcientemente el próximo nivel al que entramos después de morir por apegarnos a una gran cantidad de negatividad. Con esta base, enfoquémonos ahora en lo que es la Unificación, lo que nuestros ángeles sienten que realmente necesitamos entender. Esta es la fusión de nuestro mundo físico con nuestro próximo nivel, que es el mundo espiritual. Esta unificación se está llevando a cabo porque muchas almas están alcanzando finalmente un nivel de realización después de la muerte, en el cual están decidiendo no entrar de nuevo a otra encarnación física. De acuerdo a nuestros asistentes angelicales, un poco menos de un siete por ciento de la población del planeta está tratando de trabajar y completar su última encarnación física.

A medida que evolucionamos espiritualmente y tomamos la decisión conciente de no regresar al plano físico, traemos al mundo espiritual una cierta atracción energética. Es casi como si estuviéramos conectados al mundo físico por un hilo imaginario, de la misma manera que un niño está conectado a su madre por el cordón umbilical. A medida que más y más de nosotros evolucionamos hacia ese estado, la atracción se hará más fuerte. Es más, a medida que otras almas menos desarrolladas continúan llevando más negatividad al plano espiritual, crean una densidad que a su vez hace que la vibración en ese plano sea más lenta. De esta manera podemos observar que mientras estamos extrayendo energía del mundo físico estamos reduciendo las vibraciones del mundo espiritual. A medida que las vibraciones del mundo espiritual se reducen, ese mundo se hace más accesible para nosotros en el mundo físico. Esto nos lleva a pensar que se está llevando a cabo una unificación entre los dos mundos.

A medida que los humanos descubren como elevar sus energías para que coincidan lo más cercano posible a las energías del plano siguiente, podremos tener un nivel más amplio de comunicación y accesibilidad al plano espiritual. En el futuro, hablar con seres queridos que ya han muerto, tener visiones sobre opciones del futuro y ver con más claridad nuestras misiones en la vida, serán posibilidades que estarán más accesibles a nosotros. Como lo mencioné anteriormente, al incrementar la velocidad de nuestro mundo físico, nosotros como humanos también estamos siendo forzados a mantener el paso con este nuevo nivel de equilibrio. ¿Como nos ha afectado hasta ahora este aumento de velocidad? En los últimos diez años, la humanidad ha luchado más que nunca para tener bases o fundaciones. Hace muchos años cuando comencé a hacer consultas, las dos preguntas más comunes siempre estaban relacionadas con la vida amorosa y las finanzas. En los últimos años estas dos preguntas han sido reemplazadas por individuos queriendo saber sobre su propósito en esta vida.

Muchas personas se sienten perdidas, desconectadas a su religión o fe, inseguros de sus papeles con la familia, los amigos y las condiciones de trabajo. Muchos tienen el deseo de encontrar la paz, la tranquilidad y el amor dentro de ellos mismos, inclusive si esto los lleva a desconectarse de los demás. Ellos están perdiendo lentamente su deseo de ascender la escalera social del éxito y del poder económico. Ha aumentado repentinamente el número de casos de depresión en nuestra sociedad por este sentido de desubicación, de sentirse desconectado o de no tener una dirección en la vida. Muchos altos ejecutivos están dejando atrás sus estilos de vida acelerada y las están cambiando, dándose una oportunidad de vivir en un medio campestre y tranquilo donde puedan trabajar en miras de su desarrollo personal. Ahora, muchas personas prefieren dedicar más energía para salvar el planeta en vez de ahorrar e incrementar el valor de sus compañías. Lo alarmante de la situación es que esta nueva y rápida vibración sobre nuestro planeta es un proceso que va en una sola dirección. Este proceso mantendrá los niveles de estabilidad que existen en el presente o que continúan creciendo, pero que no regresarán a los niveles anteriores. Aquellos que rechazan estos niveles de vibraciones se encontrarán luchando para sobrevivir y eventualmente buscarán formas de acortar el tiempo de sus vidas. Esto sucederá porque no pueden soportar este nuevo nivel de energía, emocionalmente, espiritualmente e inclusive físicamente.

La información que les ofreceré a continuación no esta diseñada para contradecir o menospreciar ningún fundamento o dogma religioso. Necesitamos entender el plan general detrás de toda energía viviente y existencia consciente. Antes de que la humanidad fuese creada, el plan de La Energía Suprema o de Dios, era de separase de la materia omnisciente y benigna y de degradarla a varios niveles y dimensiones. Cada nivel tendría responsabilidades específicas y eventualmente se reduciría hasta la materia física viva, incluyendo al hombre, a los dinosaurios y a los micro-organismos vivientes. Los ángeles nos dan el siguiente ejemplo para ayudarnos a entender este proceso. Imagínese una bola gigante de hilo que existía como un producto final, pero que nunca había sido actualmente creada. En otras palabras, esta bola de hilo nunca tuvo un punto de comienzo, solo existía, bien enrollada y ajustada en perfección. Con la finalidad de entenderse de un todo a sí misma, la Energía Suprema, o esta bola de hilo decidió desenrollarse para descubrir su punto de origen. Al llegar a ese punto, se uniría a sí misma y regresaría con el conocimiento de como se originó. Nuestros ángeles también nos dicen que la humanidad está al final de este hilo y que nosotros estamos ahora en un nivel en nuestra evolución donde estamos siendo llamados a regresar a nuestro creador. A lo largo de este trayecto, pasaremos y nos reconectaremos con todos los otros niveles o dimensiones frente a nosotros mientras continuamos nuestro camino de regreso a ser uno. Otra forma de entender este concepto es imaginando que mañana te levantas, eres capaz de sentarte y tocar el piano al mismo nivel de un profesional, a pesar de que nunca haz tocado un piano en tu vida. Vas a tener este conocimiento y habilidad increíble, pero no vas a tener el concepto de como obtuviste esta habilidad. La Energía Suprema o el Ser Supremo tenía todo el conocimiento, el amor, la sabiduría y la inteligencia, pero carecía de las experiencias de como se obtienen estos niveles. Yo hice una regresión increíble cuando tenía entre veinte y veinticinco años, que me permitió experimentar este concepto y espero poder compartirlo en forma de otro libro en el futuro.

Ahora tenemos tres principios básicos que hasta ahora trabajan en conjunto. Primero, tenemos la velocidad del planeta aumentando y obligándonos a adaptarnos a un nuevo nivel de existencia. Segundo, tenemos el plano espiritual perdiendo algo de su velocidad debido a la negatividad que seguimos introduciendo en ella. Finalmente, tenemos el concepto de que la humanidad, en su totalidad está comenzando a darse cuenta que no necesita repetir más vidas físicas y esta evolucionando a una forma espiritual pura. Todas estas acciones tomando lugar al mismo tiempo, definen el concepto de la unificación que nuestros ángeles desean que nosotros entendamos. Es un proceso emocionante e increíble que está siendo observado y examinado por todas las dimensiones que están sobre nosotros. Eventualmente, estas dimensiones superiores también tendrán que ir a través de la misma transformación, cuando esta bola de hilo comience a enrollarse a sí misma de regreso a su forma de bola original.

Para nosotros poder comenzar nuestro viaje de regreso, necesitamos volvernos más adaptables hacia el siguiente nivel de consciencia que es el nivel espiritual. Teniendo este concepto como base, el formato lógico para usar y entrar a este próximo nivel de existencia, requiere que nosotros nos volvamos más sensibles a este próximo nivel de consciencia. Teóricamente hablando, nuestro nivel presente de existencia es solo unas pocas hebras de hilo. Para entrar al próximo nivel debemos crecer, expandirnos y cubrir más espacio. Energéticamente, la única manera de nosotros poder expandirnos hacia este próximo nivel, es incrementar nuestra consciencia con el fin de evitar que este hilo se enrede con nudos. Recuerda que el producto final es una bola de hilo perfecta sin nudos. Ninguna dimensión puede evolucionar hasta que su existencia completa haya llegado a su nivel de perfección porque estamos todos conectados y como individuos debemos evolucionar todos juntos. Aquellos que rechacemos aceptar este proceso serán los que volteen, rechacen y formen nudos en este hilo. Eventualmente, para soltar estos nudos, el hilo tiene que cortarse y pegarse, o halarse y estirarse en diferentes puntos. De ninguna manera será una transición suave, pero será una transición que debe hacerse. Esta fusión de nuestra existencia humana está comenzando a tomar lugar en este momento y nosotros necesitamos decidir que papel jugaremos individualmente en este compromiso.

Una vez me hicieron una consulta astrológica maravillosa como regalo de cumpleaños, la cual me confirmó y me dio más claridad con respecto a esta unificación. Si, incluso a nosotros los psíquicos, nos gusta que nos hagan una consulta de vez en cuando y así comparar notas. Esta mujer, usando solo mi fecha de nacimiento y la hora, mencionó algo en la primera mitad de la consulta que me hizo caer en cuenta de que esta unificación era una realidad. Ella me dijo que yo tenía una de energía psíquica muy fuerte, pero luego mencionó que yo representaba lo que el futuro de la evolución humana sería. Cuando le pedí que me aclarara, ella simplemente sonrió y dijo "Tu habilidad de entrar en la conciencia espiritual y angelical a voluntad, es lo que nosotros como humanos debemos aprender a hacer con facilidad a fin de adaptarnos a las vibraciones de energía mas rápidas que están entrando a nuestro planeta."

Ahora, obviamente, esto no significa que todos vayamos a través de esta unificación, con facilidad y claridad, necesitamos transformarnos todos psíquicos. Lo que esto significa, es que nosotros necesitamos comenzar a aceptar las posibilidades de existencia espiritual con la mente más abierta. Esto le permitirá a nuestra mente y alma a coexistir entre los dos mundos sin miedo, rabia o falta de confianza. Mucha gente cree en la idea de que nosotros tenemos Angeles Guardianes o que los ángeles en general si existen. Una encuesta reciente demostró que casi el 75% de las personas estaban receptivas a la posibilidad de que los ángeles existen.

Lo impresionante de esto es que solamente una pequeña porción de estas personas han experimentado alguna vez un evento o encuentro angelical para confirmar su creencia. Este nivel de fe pura que cree que existe una fuerza mayor a la nuestra para protegernos, fué lo suficiente para que se aferraran a esta creencia como una base real de sus vidas. Este nivel puro de creencia o fe, es la puerta que nos permite comenzar a aceptar que hay una vibración superior y un despertar intelectual. Nuestros ángeles dicen que mientras más abiertos estemos a posibilidades superiores, más le permitimos a nuestra mente conciente adquirir un entendimiento de información superior, el cual es común en el nivel de existencia en el plano espiritual.

Esta unificación está en estos momentos en la etapa inicial. Este cambio de energía y el hecho de que el planeta está rotando más rápido se están introduciendo en una forma muy sutil y se está sintiendo más en los cuerpos emocionales y mentales que en el físico. No es como si estuvieras caminando por una calle y sientas un impulso de sujetarte al poste de luz porque la velocidad del planeta esta afectando tu habilidad de caminar derecho. A pesar de que el planeta está rotando más rápido lo hace de una manera muy sutil pero también muy fuerte y directa. Con el fin de podernos integrar completamente, nosotros como humanos necesitamos hacer algunos cambios en nuestro estilo de vida.

Un área de gran cambio, que ha sido discutida en este capítulo, es el cambio de consciencia. La habilidad de abrir la mente y de no menospreciar las cosas. Darse cuenta de que nosotros usamos un pequeño porcentaje de nuestra capacidad cerebral. ¿Piensas que Dios hubiera creado un cerebro con más potencial si no estuviera destinado a ser usado en algún momento u otro? Tenemos que comenzar a descubrir el potencial total de nuestra mente. No podemos solamente conformarnos y utilizar la mínima cantidad de nuestro cerebro sólo para sobrevivir. La incorporación de herramientas como la meditación, el ejercicio, la alimentación apropiada, el entendimiento de las responsabilidades kármicas de vidas pasadas, el establecimiento de la comunicación con nuestros ayudantes espirituales y el aprender a escuchar las demandas de nuestro cuerpo, necesitan convertirse en una segunda naturaleza para nosotros. Estas son las herramientas que nos ayudaran a ajustarnos a esta unificación y así serán una guía para evitarle mas daño a nuestros cuerpos físicos y al planeta.

El trabajar con nuevos niveles de modalidades para sanación se hará más fácil a medida que aceptemos de una vez por todas, que tenemos un mayor control de nuestro cuerpo y de nuestro campo energético. El desarrollar sensibilidad para escuchar a nuestro yo interno será también esencial. Estamos constantemente en comunicación con nuestro yo superior, así como con nuestros ayudantes espirituales, pero nosotros rara vez le prestamos atención a esto. Nuestros ángeles describen nuestro yo superior como esa parte de nuestro proceso de pensamiento que tiene acceso a una información dimensional superior. Esta información nos provee una perspicacia que nos ayudan en nuestro viaje. Nosotros nos encontramos en un lugar tan ajetreado, que no tenemos tiempo de sentarnos y de escuchar nuestros pensamientos e ideas. Se nos ha dicho que debemos ignorar el ruido en nuestras cabezas, porque hay mucho que hacer y no hay tiempo suficiente para hacerlo. También necesitamos escucharnos los unos a los otros en vez de oír nuestras voces solamente. Somos maestros los unos de los otros. Una vez más, estamos programados por la sociedad para enfocarnos en nuestras metas y planes internos, sin darnos cuenta que muchas de estas metas y planes no pueden materializarse sin la ayuda de otros. Nuestros ángeles proveen las respuestas constantemente, proveen visiones e ideas a través de otras personas que se cruzan en nuestro camino. Un comentario de un vecino, del niño que reparte el periódico, o del cajero del supermercado, puede ser un mensaje que tú Angel quiere que le escuches para ayudarte a seguir adelante y superar algún obstáculo en tu vida. Nada es coincidencial y mientras más rápido pongamos atención a todas las cosas pequeñas que surgen en nuestras vidas, más rápido podremos encaminarnos en cuanto a nuestras metas y misiones se refiere. El abrirnos a toda esta información nos permitirá aceptar cuanta ayuda se nos presenta a diario. Este nivel superior de escuchar y concientizar, nos ayudará en esta transición y nos permitirá ser los que sigan adelante durante esta unificación. Irónicamente, necesitamos frenar nuestra habilidad para filtrar información, con el fin de alcanzar la velocidad más rápida de nuestra evolución.

Permíteme dar un ejemplo que tuve en una consulta y que trata con este tema de unificación. Una mujer vino a verme una mañana y parecía muy nerviosa. Nunca había visitado a un psíquico en busca de consejo y sus antecedentes religiosos añadían un nivel de culpabilidad a esta experiencia.

Ella se describió a sí misma como una católica retada, que fué obligada a acatar ciertas tradiciones religiosas de su familia. Después de graduarse de un colegio católico reconocido y de seguir adelante en su vida, ella sintió una cierta incomodidad impuesta por su religión y familia. A ella se le decía constantemente que siguiera ciertos patrones impuestos por su religión y sentía que Dios la iba a castigar por estar en mi oficina. Después de calmarla por diez minutos y de asegurarle que el diablo no iba a venir a mi oficina a llevársela lejos, se calmó un poco y finalmente se sintió más dispuesta a hablar sin reserva. Muchas veces les pregunto a mis clientes cual es la razón principal o propósito en su deseo de conectarse con su Angel. Dado que sólo puedo sentir la energía del Angel por cierto tiempo, quiero estar seguro que se cual es el área de su vida a la cual necesito guiar a su ángel, antes de que pierda mi conexión. También hago esto para permitirles a mis clientes que entiendan que yo sólo estoy allí para escucharlos con compasión y no solamente para pasar a sus necesidades o a ellos por alto y apurar la sesión.

Esta mujer mencionó que me había visto en un programa de televisión en el cual yo estaba hablando sobre el tema de los Angeles Guardianes. Yo había demostrado con varios actores que habían allí conmigo como me conectaba con sus Angeles personales. Ella continuó diciéndome que estaba retrasada para llegar a su trabajo pero que no pudo dejar de ver el programa. Mientras ella más escuchaba, más quería entender y descubrir que esta teoría de los ángeles Guardianes era real. Ella siempre había escuchado historias sobre ángeles en la iglesia y en la Biblia, pero ella estaba impresionada escuchando de alguien que tenía encuentros frecuentes con ellos. Cuando terminó el programa ella estaba llorando al igual que muchos de los miembros de la audiencia, de los invitados y del equipo de trabajo que también estaban muy emocionados mientras la cámara se movía por el escenario. Ella se levantó del sofá, decidió llamar a la red de televisión y obtener más información sobre mí y para ponerse en contacto conmigo. Ella dijo que normalmente nunca haría algo tan irracional como esto, pero se sintió impulsada a buscarme por un sentimiento interno.

Eventualmente, ella me consiguió y estaba emocionada al descubrir que yo vivía en la misma ciudad que ella, ya que el programa había sido grabado en Venezuela y ella pensó que yo vivía en ese país. Después de explicarme como me había conseguido, ella hizo una pausa y me miró tímidamente y me preguntó si podía ayudarla a averiguar quien era ella. Le pedí que me explicara su pregunta y ella dijo que toda su vida había vivido bajo el velo de la propia mujer Católica, casada, que tenía un hijo maravilloso, un trabajo a tiempo completo, pero que no tenía ninguna idea sobre el propósito de su existencia. Ella siempre le había temido a Dios y nunca cuestionaría sus designios. Ella aceptaba cualquier cosa que Dios le pusiera en su vida puesto que él siempre la proveía. A la edad de treinta y seis años, ella sentía que no tenía idea sobre cual era su propósito, tenía muchos miedos debido a sus creencias religiosas y sintió que su sólo empuje en la vida era velar por su hijo.

Este es un caso clásico sobre alguien que esta sufriendo en vez de unirse a este nuevo nivel de consciencia y conocimiento superior. Ella había llegado al punto donde la vida ya no era importante para ella o su sentido propio y estaba extremadamente deprimida. Ella sentía que no tenía una misión que valiera la pena y peor aún, que no tenía conexiones con nada en la vida aparte de su hijo. Su carrera, religión y matrimonio eran simplemente actividades las cuales realizaba para pasar el tiempo en ésta existencia. Ella había perdido todo el deseo de reír, no le gustaba su trabajo, sentía que no se identificaba con su esposo y finalmente confesó que si no fuese por su hijo, no tendría razón para vivir. Una vez más, como lo mencioné anteriormente, esas personas que no pueden relacionarse o identificarse con esta nueva vibración, perderán su deseo de vivir y cuestionarán su motivo para hacerlo.

Al terminar nuestra consulta, esta mujer estaba llorando y se veía como si le hubieran quitado veinte libras de peso de sus hombros. Su Angel compartió muchos detalles de su vida que le confirmaron que nunca estuvo sola y que estaba siendo guiada. Se le dio información que se extendió desde su niñez hasta el presente. Esta mujer se sintió tan aliviada de saber que Dios no la iba a castigar por haberme venido a visitar, por haber perdido algunos servicios del domingo, o por no querer seguir todas las reglas estrictas de su religión. A ella se le habló de todas esas cosas pequeñas que hacía por los demás fuera de la iglesia que importaban mucho más. También le expliqué que la religión era una experiencia en grupo, mientras que la espiritualidad era una aventura personal o un viaje que estaba abierto todos los días de su vida dentro o fuera de la iglesia. Ella comenzó a ver su vida en una perspectiva diferente, se dio permiso a sí misma para que posiblemente cambiara de profesión y para conseguir una que le brindara mayor satisfacción emocional. También se dio cuenta del tiempo que pasaba tratando de ser la madre y la esposa perfecta, en vez de disfrutarse a sí misma con su esposo y su hijo. Más que todo, ella había dejado de hacer las cosas que más disfrutaba, como tocar el piano, ir a visitar a sus amigas, leer y meditar, porque sentía que el conocimiento que no venía de Dios o de la Biblia no era conocimiento puro. Yo le dije que la Biblia tiene una información increíble y que vale la pena, pero que también hay mucha información en el mundo en que vivimos diariamente.

Esta mujer era una persona completamente diferente cuando salió de mi oficina a la que ella era cuando llegó. Cuando salía me dijo, "Muchas gracias por permitirme saber que está bien que sea auténtica y que el querer disfrutar la vida no es un pecado." Se secó las ultimas lágrimas de sus ojos y añadió, "De ahora en adelante mis lágrimas serán por el disfrute de re-descubrirme a mi misma, al aprender más acerca de la grandeza del amor de Dios y de trabajar para comenzar a comunicarme con mi Angel." Si otros no pueden quererme por lo que soy y por lo que yo creo, será su problema y nunca más mi carga.

La energía alrededor de esta mujer había cambiado dramáticamente; de ser el alma perdida que entró en mi oficina, a la mujer de una fuerte voluntad que se salió. Ella se había unificado con su conciencia superior y también con la vibración superior que estaba a su alrededor. Se había dado permiso para aceptar este cambio y había comenzado a cosechar los buenos sentimientos que le proveía. El simple proceso de permitirse creer en mayores posibilidades, es el primer paso en tener acceso a esta unificación. Nuestros ángeles no quieren que suframos o que tengamos que soportar cargas por esta unificación. Ellos desean que esta transición sea por voluntad propia, y ellos nos ayudaran en cada paso del camino.

OTROS PENSAMIENTOS E IDEAS PARA ASISTIRTE CON ESTA UNIFICACION.

1. No tienes que convertirte en un gurú de la Nueva Era, irte de la casa a vivir en la cima de una montaña o desconectarte de todos tus bienes materiales para caminar sin dificultad hacia esta unificación. Tienes que darte a tí mismo una oportunidad de desprenderte de algunas creencias y patrones viejos que ya no prestan un propósito en tu vida. Tienes que tener el valor suficiente para seguir los deseos de tu corazón y no depender solamente de tu forma lógica linear de pensar para sobrevivir.

2. Siéntete libre de explorar otras modalidades de sanación interna o externa. Entiende tu yo total, no sólo la parte consciente que conoces diariamente. Abrete a tus sueños, confía en tus intuiciones, investiga tus vidas pasadas y ábrete a las comunicaciones angelicales que te son disponibles.

3. Dedica tiempo para el crecimiento propio, meditando o yendo a un lugar especial donde puedas liberarte de la tensión y los patrones negativos que haz ido acumulando. Pregúntate tus motivos en la vida y fíjate si lo que estás haciendo es para servirte a tí mismo, a la humanidad o a tu alma. Ten valor y realiza cambios que sientas que incrementaran tus potenciales. Sal de tú camino para descubrir un sentido de propósito y de sanación con el planeta y con otros también. ¿Donde crees que tus servicios sean los mejores y superiores para el flujo de amor en este mundo? Acepta que todos tenemos diferentes creencias y que todas ellas sirven un propósito en un momento u otro. Respeta las diferencias de los demás, pero consigue el tiempo para descubrir tu propia verdad. Busca lo mejor en las opiniones de los demás y ponte en sus lugares o situaciones de vez en cuando. El conocimiento es un gran don, pero no sirve ningún propósito si no genera la experiencia que lo acompaña.

4. Cuestiona tus valores y pregúntate si te sirven para lo que eres o lo que los otros piensan que debes ser. Cuando te sientas atrapado dentro de ti mismo, libérate, toma un tiempo libre y busca

posibilidades y soluciones. Acepta que esta unificación es una experiencia positiva y no significa que te destruirá o te agobiará. Te ayudará a descubrir todos tus potenciales y lo que te llevará a tener una vida mejor y más satisfactoria. Acepta que eres valioso para ti mismo y para los que te conoces. Nada es coincidencia así que aprovecha todas las experiencias que se te presentan en el camino.

Capítulo 10

Octavo Mensaje: Consciencia de Grupo

Después de implementar la idea de unificación en el último capítulo, daremos un paso más adelante en este proceso de pensamiento y discutiremos la idea de conciencia de grupo. Como individuos, todos tenemos un gran poder de influencia, comenzando con las actividades diarias en nuestras vidas personales hasta las grandes decisiones que tomamos y que influencian a otros. Individualmente, tomamos decisiones las cuales nos afectan como manejamos nuestro itinerario diariamente. En un factor de grupo como es la familia o ambiente de trabajo, muchas de nuestras decisiones tienen repercusiones sobre como otros también construyen su estilo de vida. Nuestros ángeles sienten que nosotros solo vemos los resultados finales de nuestras decisiones diarias, basadas en los resultados que experimentamos personalmente. Muy rara vez consideramos como estas decisiones o acciones afectan a aquellos alrededor de nosotros, a nuestra comunidad, a nuestra área de trabajo o a lo mejor al mundo. Mucha gente siente que ellos sirven un propósito o juegan un papel en la vida de otros diariamente. Los ángeles dicen que nosotros nos sorprenderíamos mucho al ver cuanta influencia tiene nuestra vida en cada una de las personas que cruza nuestro camino.

Los ángeles quieren que nosotros entendamos el concepto de conciencia de grupo. Esta conciencia de grupo, de acuerdo a ellos, es básicamente el entender que como seres humanos, todos tenemos que enfocarnos en los mismos resultados positivos para toda la humanidad. Si nosotros podemos entender como influenciamos a otras personas diariamente, entonces nosotros podemos entender también que tan poderosos y productivos podemos ser si todos trabajamos juntos por las mismas metas a favor de cada uno, en vez de hacerlo en su contra. Bajo estas premisas, me gustaría compartir una historia que uso en algunas de mis clases para ilustrar como nuestras acciones diarias afectan a aquellos alrededor nuestro.

Una mañana un joven está saliendo de su casa para ir a trabajar. Cierra la puerta de su casa, entra en su carro convertible y se dirige a su oficina. A medida que comienza a bajar por la calle se mete la mano en el bolsillo buscando su paquete de cigarrillos. Toma su último cigarrillo y sin mucho pensarlo, lanza la caja vacía fuera de su carro abierto sin importarle a donde caiga.

A una milla de distancia de su oficina se da cuenta que está un poco retardado y decide acelerar. Mientras presiona el pedal del acelerador acercándose a la siguiente intersección, la luz del semáforo cambia a amarillo. El está apurado y decide acelerar aún más para pasar la luz antes de que cambie a rojo y evitar mas demora.

El joven finalmente llega al área de estacionamiento de su oficina, baja el volumen del radio que estaba sonando fuerte, cierra el techo del convertible y corre hacia adentro para comenzar su día de trabajo. Pareciera como un viaje normal al trabajo y sin ningún evento, ¿no es verdad? Rebobinemos y revisemos todas las cosas involucradas en esta secuencia de eventos. Pondremos atención a la misma secuencia que mencioné anteriormente y añadiré a otras personas más.

Primero, regresemos a la primera escena, el joven entró en su carro, encendió un cigarrillo, tiró la caja vacía y se dirigió a su trabajo. La caja vacía de cigarrillos cayó en el jardín de uno de sus vecinos. La dueña de esa casa justo estaba en la ventana cuando vio caer la caja en su jardín. Ella también notó otros papeles y basura en el jardín, así que decidió buscar una bolsa de plástico y recogerlos. Comenzó a recoger lo que estaba alrededor y se agachó para recoger la caja vacía de cigarrillos. Mientras se aproximaba a la caja, vio algo que brillaba en el césped. Se acercó y se dio cuenta que era su pendiente de oro que había perdido la semana pasada. Estaba muy feliz de haberlo hallado y de repente recordó que su hija venía esa mañana para llevarla a la joyería y comprar un pendiente de reemplazo

Ella corrió de vuelta a su casa, llamó a su hija, le contó que había hallado su pendiente y le dijo que no había necesidad de que ella se saliera de su oficina para llevarla de compras. Su hija le comentó que ya había pedido un tiempo libre en la oficina y que entonces se quedaría en su casa haciendo algunas cuentas que tenía pendiente. La hija de esta señora cerró el teléfono y comenzó a hacer sus cuentas tratando de decidir cuales eran las de mayor prioridad. Mientras buscaba entre los recibos, se dio cuenta que el recibo de la electricidad estaba vencido y hoy era el último día para cancelarlo para evitar la interrupción del servicio. Estaba tan contenta de que su mamá hubiera cancelado porque ahora tendría tiempo para ir a pagar el recibo y evitar un mayor problema.

Ahora, volvamos a la segunda escena de la historia en la cual el joven acelera en la intersección y cruza la intersección cuando la luz ya está en amarillo para evitar llegar tarde al trabajo. Al otro lado del semáforo está un señor mayor manejando en dirección opuesta que nota a este joven yendo a velocidad. El estaba molesto porque algunas personas manejan descuidadamente sin importarles los demás. Mientras pensaba en esto, pensó que este hombre podía haberle creado un accidente a él o a alguien más. Continuando con esta cadena de pensamientos, el señor se recordó que sus frenos estaban fallando y decidió cambiar de ruta y en vez de ir a la tienda de víveres se dirigió al mecánico. Después de una cuidadosa inspección a sus frenos, el mecánico le informó que estaba muy cerca de tener serios problemas con las bandas de los frenos y hubiera podido verse pronto en una situación donde sus frenos hubieran fallado. El señor estaba aliviado de que hubiera tomado la decisión de chequear sus frenos en vez de ir a la tienda de víveres.

Finalmente, vemos la escena donde el joven llega al estacionamiento de su oficina y entra a comenzar su día de trabajo. En ese momento una joven pasaba cerca para ir a su trabajo cuando escuchó la canción que sonaba en la radio que estaba algo subida de volumen porque el tenía el techo del convertible abajo. Ella reconoció la canción de una vez porque había sido la canción escogida por ella y su esposo para su boda hacia algunos años. Esa mañana la joven había tenido una pelea terrible con su esposo y ambos habían salido de la casa de muy mal humor. Al escuchar esa canción le trajo recuerdos del maravilloso día de la boda y se dio cuenta de que el argumento de esa mañana era sin importancia y que su mutuo amor era muy grande. Inmediatamente corrió adentro para llamar a su esposo. Ellos hablaron por algunos minutos, hicieron las paces y decidieron encontrarse en su restaurant favorito después del trabajo y arreglar las cosas.

¿No te parece que esa travesía del joven al trabajo es mas significativa cuando consideras la cadena de eventos y cambios que originó en los otros? Si continuamos con la idea aún mas allá, todas las personas involucradas; la vecina, su hija, el señor mayor y la joven, hubiesen continuado la secuencia de eventos y cambios mientras sus rutinas diarias seguían su curso normal. Muchos más cambios se hubieran generado por esa serie de eventos. Las interacciones de la vecina de esa mañana o la hija que hubiera conocido a alguien mas en su camino a pagar el recibo de electricidad, el hombre mayor que decidió usar el dinero de los víveres para los frenos y la joven, quien con su mejor actitud en la oficina pudo haber afectado su rendimiento en el trabajo. Hay una cantidad infinita de eventos que pudieron haberse creado como resultado de las acciones de ese joven en su camino al trabajo, a pesar de que el no estaba consciente de lo que hacía. ¿Se pueden imaginar ahora, si el consciente tomará decisiones diariamente basándose en la idea de que cada acción afectaría lo mejor y mas elevado de todos a su alrededor? Aquí es donde entra la teoría de consciencia de grupo.

Los ángeles nos informan que si todos nosotros podemos conscientemente trabajar como habitantes de la tierra, los resultados finales serían astronómicos. Si definiéramos líneas divisorias entre la fe, la raza, los niveles de sociedad y las creencias, pudiéramos beneficiarnos y evitar una gran cantidad de sufrimiento en el planeta. Si cada persona, desde el momento en que se levanta, se esforzara en crear un cambio positivo para alguien más, nosotros tendríamos una cadena interminable de resultados fructíferos diariamente. A todos nosotros se nos da una herramienta increíble, conocida como la mente, para trabajar en áreas de creatividad, toma de decisiones y libre albedrio. Como individuos, nos enseñan a través de la historia a desarrollar esta mente para nuestro provecho personal. Nos enfocamos demasiado en quienes somos, cual es nuestro apellido, donde vivimos, que tipo de trabajo tenemos y en que nivel de sociedad encajamos. Hemos creado un mundo donde el individualismo juega un papel importante en identificar quienes somos. Tan pronto como conoces a alguien, intercambias nombres, posiblemente das algún tipo de detalle como que profesión tienes, donde vives y tal vez intercambias algunos otros detalles personales y metas alcanzadas antes de que termine la conversación. Nos hemos vuelto un mundo de títulos, de marcas, clasificaciones y números codificados para representar quienes somos como seres humanos.

Nuestros ángeles Guardianes no tienen nombres ni títulos que usen para saludarse o asociarse entre ellos mismos. Por lo tanto, mucha gente que viene a verme a mis consultas quiere saber con mucha ansiedad el nombre de su ángel, así que cuando les explico, se decepcionan. Nuestros ángeles no usan nombres entre ellos para comunicarse. Nunca oirás a un ángel en el plano ángelIca llamar a otro "Hola María, ¿Cómo estás?", "Bien Roberto, ¿Estás trabajando en algo especial hoy?" Ellos simplemente usan la energía universal del amor para saludarse unos a otros. Ellos tienen una forma telepática de comunicación en la cual ellos intercambian pensamientos y mensajes que van y vienen. No hay necesidad de individualizar su existencia porque ellos saben que todos son iguales y forman uno con la Energía Suprema.

Durante las consultas que les proveo a mis clientes, los ángeles nos informan que nosotros como humanos estamos acostumbrados a dirigirnos a los demás por nombres. El ángel, por esta razón me provee con el nombre que quiere que el cliente los asocie. La mayoría del tiempo, cuando les digo el nombre que el ángel ha escogido, resulta ser que el nombre tiene una conexión particular con ellos. Puede que sea su nombre favorito, el nombre que querían darle a su primer hijo si se daba la oportunidad o el nombre de un ser querido que ellos realmente admiran. Cuando estos ángeles me hablan, recibo una vibración cálida de amor, la cual entra en mi corazón y repentinamente estoy conectado con párrafos de información, con emociones e imágenes correspondientes. Lo extraño de esto es que a pesar de que sólo estoy viendo a un ángel en frente de mí, siento como si la información me fuese dada por una fuerza de grupo. Hasta cierto punto, nuestros ángeles ya han dominado este entendimiento de consciencia de grupo, en el cual ellos nos ayudan individualmente a todos nosotros en este planeta, sin embargo, ellos todavía mantienen un plan comprensivo para ayudarnos como entidad y no como unidad.

Nuestros ángeles son todos unas creaturas igualmente amorosas de luz y amor, ellos no necesitan una distinción individual. Reconocen y respetan las jerarquías de los otros ángeles con los que interactúan, pero sobre todo, se ven a si mismos como una unidad de expresión total de amor. Mientras mas elevado sea el nivel de dimensiones que conecte de nuevo a la Energía Suprema, menor será la necesidad de una identidad individual. Aquí es donde actúa la consciencia de grupo más eficazmente y tiene más productividad. Estamos en este planeta comenzando a tratar de establecer este sentido de consciencia de grupo y estamos aún en la superficie, no hemos comenzado a profundizar. No hemos ni siquiera entrado al nivel pre-escolar. Lo que tenemos que aprender es a liberarnos de esta individualidad y comenzar a enfocarnos en como nosotros, como unidad, podemos mejorar nuestro planeta y traer los recursos necesarios para que todos nosotros continuemos existiendo en armonía. Cuando nosotros nos aferramos en este individualismo o a la identidad del "Yo", nos alejamos más de las necesidades de los demás y esto permite que el egoísmo sea un factor importante en nuestra habilidad para tomar decisiones. Cuando nosotros morimos y entramos en el mundo espiritual, comenzamos a ver los efectos de una dimensión mas elevada, en la cual la armonía y la paz son el resultado de una forma de existencia distinta. Cuando entramos en dimensiones inclusive mas elevadas, comenzamos a ver como esta identidad del "Yo" empieza a perder terreno en nuestros patrones de pensamiento.

Un ejemplo de mi primera conexión con esta consciencia de grupo en una dimensión más elevada fue cuando tenía entre 20 y 25 años. Como un hombre joven, confundido por de mis habilidades psíquicas, siempre estaba en la búsqueda de recursos o grupos que me ayudaran a entender algunas de mis extrañas experiencias. Finalmente, encontré un grupo con el cual me reunía una vez por semana para desarrollar y entender los fenómenos psíquicos. En ese momento de mi vida, me sentía como Dorothy cuando al final encontró la tierra del Mago de Oz. Quería muchísimo estar rodeado de gente que tuviera ciertos dones como yo y que me apoyaran para desarrollarlos. Después de varias semanas de trabajar y de desarrollar mis habilidades, me hablaron de la actividad psíquica conocida como canalización.

Canalización involucra la habilidad de un psíquico o médium, para permitirle a una entidad que hable directamente a través de ellos usando su cuerpo físico. En otras palabras, su cuerpo se convierte en una herramienta de comunicación, la cual será usada por la entidad para transmitir información. Algunos miembros del grupo que yo integraba eran médiums y habían hecho algunas conexiones anteriormente. Ellos me habían mencionado de un guía espiritual particular o profesor, que ellos decidieron llamar Odyssey, había tratado de entrar varias veces en sus cuerpos para proveer información, pero ninguno de ellos era suficientemente fuerte como para soportar esa energía. Ellos pudieron obtener mensajes de él usando la tabla de la Ouija. Lo extraño acerca de Odyssey es que las pocas veces que alguien pudo soportar su energía por unos segundos e inclusive las veces que él se hizo presente en la tabla de la Ouija, sus palabras siempre fueron:

"Estamos aquí." Yo veía esto muy extraño porque si el era un simple ser porque siempre se refería a él como nosotros. Me fue explicado que el era de otra dimensión mas elevada, en la cual ellos comparten un sentido de pensamiento en grupo. De manera que esta fue, mi primera introducción a lo que es consciencia de grupo. Esta entidad nunca había encarnado en forma humana. Yo se que muchos de ustedes están diciendo ahora: "¡yo estaba bien, con esta idea de los ángeles, pero ahora esta idea se está tornando un poco rara!" Sólo les pido que mantengan su mente abierta para entender la posibilidad de que existen otros niveles de consciencia aparte del de la raza humana, del mundo de los espíritus y de los ángeles. Odyssey es una colaboración de una consciencia de grupo de una dimensión mas elevada, que decidió ofrecernos su ayuda en los campos de la salud, amor y entendimiento de una comunicación mas avanzada. El es una fuente de energía de amor e información, que se ha convertido en uno de mis mejores ayudantes durante mi vida. Yo fui el único del grupo capaz de conectarme y mantener su energía en las consultas y cuando nos daba consejos. El todavía se conecta conmigo, pero menos frecuente que en el pasado.

A través de Odyssey, aprendí el valor de los individuos de trabajar juntos para una meta en común. También descubrí que el poder se magnifica cuando las mentes se juntan para crear una corriente consciente de sanación y comunicación. El me enseñó a ver el panorama general en todas las decisiones que he tomado, mientras entendía como mis acciones afectarían inclusive a aquellos con los que no estaba en contacto. Le estoy agradecido a Odyssey por ayudarme a eliminar muchas de mis dudas y miedos mientras maduraba como hombre con el desarrollo de mi energía psíquica. El ha evolucionado a una dimensión mas elevada, lo que ha hecho mas difícil para mi tener contacto regular con él, pero algunas veces el baja su nivel de energía para ofrecerme información necesaria acerca de mi mismo, de mi desarrollo y de nuestro planeta.

Nuestros ángeles Guardianes nos urgen que comencemos con pequeños pasos, como los bebés, a desarrollar un nuevo nivel de consciencia de grupo en el planeta. Necesitamos dejar de segregarnos y separarnos en tantas categorías y darnos cuenta que todos somos habitantes de este planeta. Debemos trabajar juntos para mantener una forma de balance y evitar nuestra propia destrucción. Necesitamos comenzar a incorporar algunas de las herramientas que ya hemos discutido en este libro y darnos cuenta que podemos cambiar para mejorar, pero no lo podemos hacer a menos que todos estemos en la misma onda. Imagínate si comenzaras a hacer cambios en tu vida, pasas la información que tú aprendes a otras personas y ellos empezarán a cambiar también. Eventualmente, podríamos ser los padres orgullosos de esos pequeños pasos y nos podríamos dar cuenta que podemos pararnos por nosotros mismos como una unidad, como un todo, como un planeta lleno de amor. Si la humanidad pudiera aprender a enfocarse en solucionar el problema del hambre, la violencia, la vivienda y proveer para nuestros niños, tendríamos un chance mucho mayor de evolucionar y no de retroceder

Debemos abandonar la idea de que la fuerza y el poder le pertenecen a un pequeño grupo y comenzar a vernos a todos y cada uno como un elemento crucial del proceso de decisión. Nosotros dejamos que un pequeño grupo decida por nosotros, no votamos, no nos interesamos, ni le dedicamos el tiempo necesario a los asuntos que afectan nuestras vidas. Estamos atrapados en el proceso de tratar de distinguirnos de los otros y no reconocemos la amenaza que está atando a la humanidad. Si comenzáramos a vernos como partes iguales de una creación perfecta, entonces podríamos empezar a vivir como una unidad, como los seres espirituales que siempre hemos sido. Esta teoría de consciencia de grupo sigue la pauta de unificación que discutimos en el capítulo anterior. A medida que nos acercamos mas a las energías del mundo Espiritual, no tendremos necesidad de posesiones, de poder individual y perderíamos la urgencia de controlar a los demás. Luchamos en nuestra existencia diaria porque estamos constantemente tratando de alcanzar a aquellos que creemos tienen más que nosotros. La definición de "más" puede ser dividida en varias categorías como dinero, prestigio, poder, propiedad e inclusive amor y felicidad.

Se nos ha enseñado, especialmente en los Estados Unidos, a alcanzar metas y ser el número uno. Para que alguien sea el número uno, alguien más tiene que pasar a ser el número dos. En el momento en que pensamos que tenemos el derecho de convertir a alguien en el número dos, hemos perdido la habilidad de vernos todos a un mismo nivel. Si cada quien está luchando para convertirse en el número uno, otros comenzarán a sentir que es inútil competir, creando así, un nivel de poca motivación. Esto es exactamente lo que está sucediendo en nuestra sociedad hoy en día. Muchos han decidido no competir y han permitido que unos pocos luchen por llegar a ser el número uno aceptando seguir las reglas que estos pocos han creado, a pesar de creer o no creer en ellas. Nos volvemos conformistas y no hablamos en nuestro favor.

Con el tiempo, perdemos nuestro "yo" o identidad para que otros tomen el control de la situación. Bajo el concepto de grupo de consciencia, comenzamos a aceptar que dependiendo el uno del otro, el poder no es solo lo que hace que la fuerza crezca, sino también es la energía que fluye la que nos permite comenzar a vernos a un mismo nivel. En vez de luchar los unos contra los otros constantemente, los recursos se enfocan en uno solo, en donde nadie padecerá de escasez. El planeta fue creado con todos los recursos necesarios para proveernos a todos. Tenemos que comenzar a respetar al planeta y a sus recursos y trabajar como una unidad para proveer a todos. Sin embargo no quiere decir que esta consciencia de grupo quiere que nos convirtamos todos en robots y que perdamos nuestros niveles de identidad. Lo que quiere decir es que respetemos las diferencias de cada quien y que trabajemos juntos para colaborar los unos con los otros.

Para cerrar este capítulo, añadiré que la consciencia de grupo generará a la humanidad una manera de sobrevivir para crecer dentro del reino espiritual el tiempo que sea necesario. Este cambio en la consciencia está sucediendo en este momento y fluirá mejor si iniciamos este nivel de consciencia de grupo. Esta idea de consciencia de grupo no va a suceder de la noche a la mañana. Las energías negativas tales como el miedo, la avaricia, los celos y la envidia, por nombrar algunas de ellas, han surgido en nuestro planeta y tienen que ser eliminadas. Se tiene que crear una vibración mas positiva para que este proceso funcione. Se van a requerir bastantes cambios en muchas áreas de nuestra sociedad. Por ejemplo, los hospitales deben trabajar juntos para evitar la escasez de habitaciones, los programas individuales del Estado y las legislaturas deben trabajar juntos combinando sus recursos, las religiones deben aceptar sus diferencias y trabajar en sus similitudes y nosotros debemos dedicar ese minuto extra para ayudarnos y comenzar todos ahora mismo. Los pequeños pasos que hemos dado ahora, con los programas de vigilancia para el crimen en los vecindarios, nos sirven como una introducción para convertirnos en una unidad dentro de esta consciencia de grupo. Nuestros ángeles dicen que necesitamos desarrollar este sentido de unidad y aceptar que estamos alquilando un espacio y un tiempo en este planeta. Una vez que morimos se acaba el contrato. Nadie es dueño realmente del planeta. Nos reuniremos todos otra vez y alquilaremos nuevos espacios en otra vida y así sucesivamente en otras dimensiones superiores.

Meditación para invocar la consciencia de grupo:

Entre a un estado de relajamiento del cuerpo y de la mente usando las técnicas antes mencionadas. Toma tres respiraciones profunda. Con cada respiración relájate más y mas, permitiéndole a tu mente, cuerpo y espíritu unirse en uno solo. Repite este proceso varias veces hasta llegar a un estado de relajación. Con los ojos cerrados, imagina que tienes una vela grande frente a ti. Enciende la vela y observa la bella luz que emite en la habitación. Si tienes problemas visualizándola, enciende una vela pequeña de verdad a unos pocos pies de distancia. Observa la luz, el brillo, siente el calor que emana y entiende también que la vela es una fuente de claridad. Permite que los sentimientos de amor que vienen de tu corazón salgan de tu cuerpo físico y envuelvan esta luz de la vela. Imagínate la luz verde, una luz de sanación que se hace cada vez mas intensa.

Luego, imagínate a tu vecino haciendo la misma meditación al mismo tiempo. Sin ponerte de pie y viendo hacia afuera de la ventana, usa tu visualización e imaginación para poder ver y sentir una bella luz verde que se forma dentro del hogar de tu vecino. Lleva esta imagen un paso adelante e imagina que cada vecino de tu cuadra está también generando la misma luz verde de amor en sus casas. Ahora observa que hay muchas hileras de casas, tantas como puedas ver, emitiendo estas bellas luces verdes a través de sus ventanas. Debido a la cantidad de velas encendidas al mismo tiempo, este brillo verde de luz comienza a cubrir todo el vecindario.

Expande esta imagen todavía más y observa a toda la comunidad y a toda la ciudad haciendo esta meditación y de repente, observa los maravillosos rayos de sanación verdes que están iluminando la ciudad completa y las ciudades vecinas. Empieza a sentir una sensación maravillosa que te hace flotar unos diez a quince pies por encima de tu casa. Ahora ve a todos los demás con sus luces individuales también flotando por encima de sus casas. Todas estas luces comienzan a unirse y forman un brillo bellísimo. En vez de luces individuales, todo lo que ves ahora es un enorme brillo de luz de sanación verde. Esta escena es tan bella que tu corazón se envuelve de amor y hace que estas emociones positivas te eleven aún más.

Mientras te elevas mas, observa que no es sólo tu ciudad o las ciudades vecinas, que es todo el planeta el que ha sido cubierto por este hermoso brillo verde de sanación. Continúa elevándote y al final, observa al planeta envuelto completamente en esta bella energía. Ahora, obsérvate que ya no eres un ser físico, sino una extensión de esta luz brillante. Te convertiste en uno con la vela, uno con la vela de todos los demás, uno con el planeta. Todos están experimentando las mismas sensaciones y tú puedes realmente ver la potencia de amor y armonía en este planeta. Estas experimentando lo que significa la consciencia de grupo en toda su gloria.

Tómate su tiempo para experimentar y disfrutar esta sensación y lentamente toma tres respiraciones bien largas y profundas. Con cada respiración permítete comenzar el viaje de retorno. Lentamente, regresa de la sensación de flotar por encima del planeta, a tu habitación. Acepta dentro de tu corazón, que con cada día que pasa, una casa mas se unirá a ti en tu meditación. Grábate que al final todos somos una unidad que debemos compartir y sentir en un nivel consciente.

Capítulo 11

Noveno Mensaje: Los Niños

Los niños son una de las herramientas más influyentes que se le ha concedido al planeta para ayudarnos con nuestros cambios. Muchas veces en mis consultas los ángeles Guardianes les han dicho a mis clientes que les presten atención especial a sus niños. La mayoría de los niños que han entrado al planeta durante los últimos quince años, llegaron con una conciencia diferente del mundo físico. Desde muy temprana edad tomaron el escenario y pidieron atención. Se han sentido especiales desde muy pequeños y que están aquí por un propósito específico, de manera que quieren ser escuchados y que se les entienda. Me refiero a ellos como los soldados del mañana, que conscientemente decidieron venir a este planeta cuando la humanidad más los necesita. Se les conoce en esta época como los niños "Indigo" o "Cristal". Me refiero a ellos simplemente como los pequeños iluminados quienes no tienen tiempo para jugar.

Aparentemente, hay dos tipos de estos niños que llegan al mundo. Un tipo de niños son los que al entrar al mundo físico ya vienen con preocupaciones. Este grupo llega al planeta con desafíos que se hacen presentes poco después de haber nacido. Están encerrados en su propio mundo de comunicación, pueden ser agresivos o violentos y en general pueden parecer desilusionados de haber llegado a este planeta. De acuerdo a nuestros ángeles Guardianes, esto es precisamente lo que está pasando. Muchos de estos niños están experimentado su primera encarnación en un cuerpo humano. En el mundo espiritual donde rara vez existen limitaciones, estos ángeles terrenales y valientes_decidieron traer su inocencia a este mundo de negatividad. Como nunca han sentido las limitaciones de un cuerpo físico, luchan desde un principio. Ellos nunca tuvieron una vida humana y ahora se encuentran atrapados en una existencia física que puede ser amenazante en comparación con un cuerpo espiritual. Esto los obliga a aislarse mentalmente y a sentir un desbalance que les impide actuar como lo hacían cuando eran espíritus.

El desbalance comienza desde el momento en que se encuentran en la matriz de la madre. Esta alma se siente restringida y comienza a darse cuenta de que ha perdido toda su unidad o identidad espiritual. A medida que pasan los meses y se acerca la fecha del nacimiento, su alma quiere cambiar de parecer y regresar a la vida espiritual. Quiere analizar el porque decidió venir a este mundo. En el momento en que se da cuenta de lo que está sucediendo ya está naciendo y la falta del deseo de esta alma de participar en el mundo físico la hace tener una crisis mental. La ironía de todo esto es que esta alma originalmente quería venir al mundo a ayudar al planeta a despejar la negatividad que está produciendo. ¡Tenemos que aceptar que al llegar a este mundo no recordamos conscientemente nuestra misión en esta vida, de manera que estas almas inocentes se encuentran entrando a un mundo de negatividad, sin una idea de cual es la razón por la que están aquí! Son muchos los niños que al entrar al mundo físico nacen con complicaciones tales como unos sistemas inmunológicos débiles, deficiencias mentales y un sentido de ira y destrucción. A algunos se les diagnostica autismo o desorden deficitario de la atención. Muchos de estos síntomas se manifiestan entre los dos y los tres años. Para estos niños es un trauma encontrarse a si mismos encerrados física y mentalmente en un cuerpo humano con limitaciones. Muchos de estos niños no mejoran estos síntomas con el pasar del tiempo y terminan en instituciones o bajo sistemas de cuidados de salud por una gran parte de sus vidas. La buena noticia es que los ángeles me han dicho que pronto se les dará a estos niños un nivel de reconocimiento y ciertos programas de ayuda, terapias y terapias energéticas que les permitirán deshacerse de esa desilusión original a la que se aferran. Con esta ayuda podrán volver a un estilo de vida normal tanto física como mental.

Tenemos que recordar que no todos los niños que entran a este mundo con desórdenes de salud son "Indigo" o "Cristal". Hablamos de un pequeño porcentaje de estos niños "Indigo" o "Cristal" los que manifiestan estos desórdenes. Otros niños que presentan tales desórdenes desafortunadamente han sido afectados con problemas a nivel celular, tienen padres con dependencias químicas durante o antes del nacimiento, tienen defectos genéticos y cierto nivel de retardo mental y por estas razones presentan complicaciones al llegar a este mundo. Una de las razones por las cuales se les llama "Indigo" es por la relación directa con el color del aura que rodea una buena porción de sus cuerpos. Todos tenemos un aura con diferentes colores. En estos niños el color principal del aura es el Indigo.

El segundo tipo de niños "Indigo" o "Cristal," es el que ha llegado a este mundo con una misión poderosa y que no se sorprenden por sus limitaciones. Cuando hablo de limitaciones me refiero a la diferencia entre la existencia espiritual y la existencia física. Cuando eres espíritu te puedes mover de un lado a otro solo con el pensamiento, manifiestas las cosas más rápido y tienes más conciencia de las funciones que realizas. Estos niños llegan al mundo con ciertos rasgos y características que usualmente hacen que la mayoría de los padres se encuentren sin saber como comunicarse con ellos. Los padres tienden a sentirse inseguros porque desde muy pequeños estos niños hacen preguntas que no tienen respuestas. Esto se debe a que desde muy temprana edad están concientes de su propósito interno o de su misión en la vida y no quieren ninguna interferencia externa. Tienen una actitud de "Salte de mi camino porque tengo cosas que aprender y hacer" y se molestan cuando se les detiene o se les frena su crecimiento. Con la información que he recibido de los ángeles sobre estos niños, trataré de asistir a sus padres cuando se sientan perdidos. Describiré con más detalle a medida que avanzamos en este capítulo como estos niños reaccionan, funcionan y se dedican a completar sus metas. Existen también muchos libros maravillosos acerca de los niños "Indigo", que ofrecen guías a estos padres confundidos.

Estos niños son prácticamente la evolución futura de los habitantes de este planeta. Como lo mencioné en el capítulo acerca de la unificación, el planeta ha cambiado y los adultos están teniendo dificultad queriendo quedarse y funcionando dentro de estos nuevos cambios. Para contrarrestar este desequilibrio, estos niños están llegando a este mundo para reemplazar a aquellas almas que se dieron por vencidas y para ayudar a aquellas que están dispuestas a adaptarse. Todos llegamos a este mundo con un velo que de alguna manera cubre la transparencia de nuestra misión o el propósito en nuestras vidas. Estos niños desde muy pequeños, tienen un velo más transparente lo cual les da más claridad de lo que necesitan para enfocarse. Ellos usualmente se frustran y son malentendidos porque sienten que se pierde mucho tiempo en cuestiones o actividades que no son productivas. No desean seguir los procesos normales o los pasos requeridos para crecer, entrar o participar en la sociedad.

Muchos de los niños Indigo tienen los siguientes rasgos o características en común:
1. Odian que les digan lo que deben de hacer y lo harán saber desde un principio. No les gusta cuando sus padres tratan de enseñarles porque en realidad vinieron a enseñar a los adultos.

2. Desde muy pequeños son extremadamente inteligentes y se aburren fácilmente. Su capacidad mental es amplia y no va con ellos hacer tareas repetitivas. Necesitan tener siempre desafíos y quieren resolver los problemas de una manera diferente a como se les enseñó.

3. Son extremadamente lógicos y técnicos, de manera que es muy común ver a un niño de tres años manejar una computadora.

4. Quieren que se les hable como adultos., no como niños. En otras palabras, quieren explicaciones precisas del porque ciertas cosas pasan, quieren saber la razón por la cual se les restringe de hacer cosas y porque no se les permite participar en las conversaciones de los adultos. ¡La respuesta de que no pueden hacer algo porque su papá así se los dijo no es aceptable!

5. Tienen un alto nivel de conciencia y se les puede ver dando consejos y enseñando a sus amigos y sus padres entre los cuatro o cinco años de edad.

6. Nacen con el deseo natural de estar rodeados de gente y no estar solos. Tienen una fuerte inclinación de ayudar a la humanidad, de asociarse y estar alrededor de gente mayor en vez de estar jugando con niños de su misma edad, parecen estar interesados en eventos mundiales. En la escuela les llaman antisociales porque no se asocian con los otros niños. En realidad se aburren a menos que se encuentren con niños de su misma clase. Algunas veces se entretienen más con su propia imaginación y sus habilidades que con lo que les enseñan en el salón de clases.

7. Son muy psíquicos e intuitivos y tienen la capacidad de comunicarse con sus ángeles y con otros entes del mundo espiritual. Muchos de ellos le dirán a sus padres que ven ángeles a su alrededor o podrán describir a algún pariente que murió antes de que ellos nacieran. Es muy normal para estos niños tener sueños vívidos, los cuales son proféticos o contienen recuerdos de una vida física o espiritual anterior.

8. Atentos por naturaleza, son los primeros que corren a buscar una venda cuando alguien se corta, o los que quieren cuidar a sus hermanos menores cuando están enfermos. Ellos pueden curar a otros desde el momento que empiezan a caminar y a hablar así como también tienen la capacidad de pasar energía y de modificar la disposición emocional o física de otros.

Cuando alcanzan la edad de diez a doce años sienten que están perdiendo el tiempo en la escuela y piensan que pueden aprender más por su propia cuenta usando computadoras y libros. Lo triste es que están en lo correcto. Tienden a dar o compartir todo lo que poseen, sus juguetes, su ropa o sus libros, sin importar que sean nuevos y sin ningún remordimiento. Ellos son la nueva generación de individuos con una ventaja en el nivel de conciencia que, nosotros en este planeta, buscamos alcanzar. Ellos ya vienen codificados para vivir una vida productiva dentro de este cambio en el que nos encontramos. Poseen una conciencia y los conocimientos necesarios para ayudarnos con el cambio de un mundo tri-dimensional a una cuarta y quinta dimensión que nos espera. Mientras que la mayoría de nosotros estamos tratando de cambiarnos o reprogramarnos para alcanzar este nivel, estos niños han venido al mundo con esta capacidad adicional. De acuerdo a nuestros ángeles es nuestro deber y responsabilidad, apoyar y ayudar a estos niños a ajustarse a esta vida y a cumplir su misión en nuestra compañía.

Muchos de los padres de estos niños se encuentran perdidos, confundidos, desesperados y hasta se sienten inferiores a estos ángeles terrenales que han traído al mundo. Algunos de estos padres vienen a verme no por sus problemas personales sino porque están buscando una solución que les permita conectarse más con su niño.

Los padres quieren encontrar maneras de manejar a estos niños o de crear un camino que les permita avanzar para un mejor entendimiento entre ambos. No quieren reprimir a sus niños, por el contrario quieren que se expresen más fácilmente y que no vuelvan locos a sus maestros ni a sus padres. Estos padres también quieren aprender a entender las necesidades de estos niños, a descubrir sus caminos espirituales así como también se preguntan el porque fueron escogidos para traer a estos niños prodigios a nuestro planeta. Permítanme compartir algunas de mis experiencias junto con las de algunos padres que tratan de lidiar con estos niños especiales.

Un día estaba dando una clase acerca de los ángeles en la universidad y una de mis estudiantes me preguntó si estaba permitido traer a su hija a la última clase, porque no tenía quien la cuidara y no quería perderse la clase. Su hija de siete años siempre hablaba de ángeles y hasta le había descrito a su madre en varias ocasiones, como era su Angel. Le dije que sí, que podía traerla. En uno de los ejercicios finales de esa última clase, mientras caminaba alrededor de los estudiantes, me entonaba con los Angeles de algunos de ellos y les daba mensajes cortos. Caminé entre quince a veinte minutos mientras les describía el aspecto físico de algunos de sus ángeles guardianes y les daba los mensajes. Decidí tomar un descanso y de darle un receso a la clase. Durante este receso escuché a la niña, que había venido a la clase, decirle a su mamá, "No entiendo cual es la gran cosa, yo sabía que esos ángeles estaban allí, ¡yo siempre los veo!"

Otro ejemplo de estos pequeños entes maravillosos viene de otro cliente que tuve. Era una madre de dos niños y vino a verme para que le hiciera una consulta. Me mencionó que un día estaba en su cuarto y que sus niños estaban jugando y viendo la televisión en la sala. Acababa de terminar de leer un libro acerca de afirmaciones positivas y frases que pueden traer cambios a nuestras vidas. Ella decidió experimentar uno de los ejercicios del libro el cual consistía en asumir un estado meditativo mientras debía repetir una frase referente a algo que quería alcanzar en su vida. Cuando alcanzó un nivel de relajación profundo comenzó a decir mentalmente; "Quiero protección y salud para mis hijos." Después de diez minutos de meditación fue interrumpida de repente por su pequeña hija de cinco años que entró corriendo al cuarto y le gritó, "Mami, deja de preocuparte tanto, nosotros estaremos bien." Su hija la miró de tal manera, como si insinuara que estaba molesta de que su madre estuviera perdiendo el tiempo enfocándose en ellos, cuando realmente debería estar pendiente de otras cosas.

En otra ocasión, una madre me confesó que tenía problemas con su hijo pequeño en el pre-escolar. Aparentemente se la pasaba aburrido, no se quedaba quieto y siempre quería hablar. Un día en particular, la maestra decidió dar un examen para terminar la última media hora de clase. El niño se paró de su escritorio después de diez minutos y comenzó a hablar con el resto de los niños en el salón. Cuando el maestro le dijo que se sentara y terminara su examen, le respondió que ¡ya había terminado el examen y que estaba caminando alrededor del salón para ver si los otros niños necesitaban ayuda! La maestra no tuvo otra camino que el de sentarse y sonreírle al niño. Aunque este pequeño no estaba tratando de crear problemas deliberadamente, se sentía aburrido y sintió que era su deber de ayudar al resto de la clase.

Hay un libro en particular que le recomiendo a esos padres que sienten que están lidiando con uno de estos niños especiales. Se titula "Niños Indigo" escrito por Lee Carroll y Jan Tober. Es un libro excelente y lleno de recursos, que explica a estos niños con más detalle y ofrece guías de como ayudarlos a medida que van creciendo. También se lo recomiendo altamente a aquellos maestros que trabajan con niños entre las edades de tres a diez años. Como lo mencioné anteriormente, el color índigo es una representación del color primario que rodea primordialmente a estos niños. Indigo es también el color que se asocia con un centro de nuestra energía corporal conocido como el Tercer Ojo. En este centro de energía conocido como un Chakra, es donde generamos nuestra energía intuitiva psíquica y se encuentra en el entrecejo. Me di cuenta que el tema de los niños Indigo y Crystal es tan importante, que decidí crear unos talleres en la universidad para ayudar tanto a los padres como a esos niños también. La diferencia entre un niño Indigo y uno Crystal está en sus personalidades. Ellos tienen las mismas habilidades y vienen a este mundo con misiones similares. En ciertas ocasiones, el niño Crystal es más fácil de tolerar y de trabajar que con el niño Indigo.

Ahora, muchos padres que oyen acerca de estos niños especiales se sienten abandonados si su pequeño o pequeña no cae en esta categoría. Durante mis charlas algunas veces me llegan padres y me comentan que "Yo se que mi hijo es un niño Indigo, el es muy brillante." Esto puede que sea o no el caso, pero enfatizo que esto no debe ser una herramienta para separarse de aquellos padres que tienen niños normales y llenos de amor. Estos niños Indigo son pocos y escasos y nuestros ángeles nos enfatizan que no debemos ignorar la gran población de otros niños que también están entrando a nuestro mundo. Todos los niños que están llegando al mundo, eventualmente y a medida que crezcan, se harán cargo de este planeta. Todos los niños necesitan recibir el mayor nivel de amor y apoyo para ayudarlos a lo largo de sus vidas.

En muchas ocasiones, he visitado a familiares y amigos que me comparten las historias de sus hijos que juegan con amigos imaginarios. Ellos se sienten tranquilos porque tienen la idea de que sus hijos saldrán de esa etapa. Lo cómico es que muchas veces me he sentado a jugar con estos niños y también he visto a sus amigos imaginarios, que vienen siendo sus ángeles o Guías Espirituales. Los niños son los recursos de nuestro futuro. Sean ellos o no parte de esta generación "Indigo", tenemos la responsabilidad de ayudarlos a abrir sus mentes a su potencial máximo, de darles diversos niveles de conocimiento y no solamente lo que creemos son nuestras verdades. Más importante aún es que tenemos que comenzar a escucharlos porque tienen información de mucho valor para compartir con nosotros, información que nos ayudará a enfrentar los cambios que se avecinan. Tenemos que hacer que se sientan amados y queridos porque van a necesitar sentirse apoyados para enfrentar los planes futuros de este planeta. Actualmente existe mucha cólera entre los jóvenes. Nos preocupamos demasiado por nuestras necesidades personales y no tenemos tiempo para nuestros niños. Muchos de estos jóvenes tienen padres que trabajan para sobrevivir y no les queda tiempo para dedicarles a sus hijos. Estos jóvenes se desquitan usando lenguajes y acciones agresivas con un sentido de egoísmo. No veo el día que llegue en que a todos los niños de la escuela primaria, se les enseñe cierto nivel de meditación y espiritualidad, sin ser necesariamente religión. Siento que necesitamos mostrarles a ellos que tienen muchas más herramientas que las que les enseñan a nivel curricular para adaptarse mejor a la vida.

Para concluir con este capítulo les pido a todos los futuros y actuales padres que están leyendo este libro, que se dediquen realmente a su labor como padres. Esta es una responsabilidad para toda la vida con muchas penas pero con incontables satisfacciones. Tuve la bendición de ser padre durante la última fase de este libro y he sido testigo no solo de las penas sino también de las alegrías. En realidad no es una tarea fácil pero si se hace con verdadero amor, tendrán los recuerdos más gratificantes y posibles de imaginar.

Ejercicios y juegos para hacer con los niños y así expandir sus mentes:

Con los niños nuevos llegando a este mundo y su deseo de querer saber más, expresar más y compartir más he incluido unos juegos simples que los padres pueden usar para enfatizar sus habilidades.

1. Juego de búsqueda: Esconde un objeto y trata de que los niños adivinen donde está sin tener que buscarlos alrededor de la casa. Haz que ellos usen su imaginación y visualización para recorrer la casa en sus mentes y ver si así encuentran el objeto. Esto permite que sus mentes se expandan más allá de las limitaciones de sus sentidos.

2. Telepatía de imágenes: Agarra una revista o un libro ilustrado y concéntrate en una imagen. Pregúntale a los niños que traten de adivinar la forma, el color, o la imagen que estas viendo. Este ejercicio permite que los niños usen todos los niveles de comunicación dentro de su mente.

3. Resolver un problema: Trae a su ambiente cualquier tipo de juego que implique resolver un problema. Pueden ser rompecabezas o programas de computación donde se vean forzados a descubrir varias soluciones a un problema. Esto activa la creatividad y les enseña a pensar más allá.

4. Animales: Estos niños se desenvuelven extremadamente bien con animales, además de que son sanadores de nacimiento como lo mencioné anteriormente. Jugando con animales les refuerza sus valores de protección así como los de responsabilidad. Muchos de estos niños escogerán profesiones donde puedan ser responsables de asistir y proteger a otros.

5. Permitirles participar: Una vez más, estos niños son muy intuitivos. Siéntete libre de dejarlos participar en la toma de decisiones de pequeños asuntos alrededor de la casa. Pregúntales sus opiniones y permíteles pensar que tienen un papel importante dentro de la estructura familiar. Enséñales a descubrir su habilidad de liderazgo desde muy temprana edad.

6. Meditación: Los niños adoran usar su imaginación y su creatividad en extremo. Enséñalos a participar en tus meditaciones. Haz que hagan ejercicios de respiración profunda y eliminen estrés. El hecho de que sean jóvenes no significa que no estén confrontando situaciones difíciles y estrés. Muchos de estos niños están sobrecargados de información y necesitan un escape.

7. Valores Espirituales: Habla libremente con los niños sobre los ángeles y pregúntales sobre sus opiniones y experiencias. Recuerda que llegaron recientemente del mundo espiritual y a diferencia de muchos de nosotros todavía tienen bastante conexión consciente con ese nivel.

8. Expresiones: Permítele a los niños escribir y expresar sus sentimientos. Dedícales tiempo para escuchar sus historias aunque sean reales o imaginarias. Ellos están aquí como comunicadores y sus acciones y palabras cambiarán los recursos futuros. Ellos aunque parezcan jóvenes llegaron con una gran cantidad de información para compartir. Ultimamente, he leído artículos en el periódico que hablan de niños menores de doce años que han escrito y publicado sus propios libros.

Capítulo 12

Décimo Mensaje: Amor

Ahora entramos al área de los mensajes de nuestros ángeles que se aplica a cada uno de los seres humanos de este planeta. Esta área de discusión es sobre la vibración universal del amor. Todos estamos buscándolo, tratando de mantenerlo, sufriendo por su culpa, o tratando de llevarlo a otro nivel. El amor es la fuente universal de energía de todo lo que es. Es la fuente de energía de todas las dimensiones, el pegamento que mantiene todas las emociones intactas, y el cordón umbilical que conecta a todo a nuestra Energía Suprema.

En este capítulo, nos enfocaremos en el punto de vista de nuestros ángeles acerca del tópico del amor, y en su relación a tres áreas. Estas tres áreas incluyen, el amor propio, el amor de la humanidad/ relaciones, y el amor espiritual. Desde el principio de los tiempos hemos recibido mensajes acerca de este tema. La Biblia está llena de ejemplos en la que los ángeles se representan como mensajeros de amor. Trataré de simplificar la comprensión de ese amor que emana de la Energía Suprema, y que impregna todo lo que es. También trataré de explicar ese amor incondicional que existe de nuestros Guardianes hacia nosotros. Comprende que el amor es una experiencia capaz de crear muchos cambios y de traer muchas emociones. El amor ha sido el elemento que empezó guerras, y que separó grupos de personas. También ha sido el elemento que ha unido a grupos y países. Ha sido la inspiración de ideas, obras maestras, innumerables canciones románticas, y el combustible para conquistar obstáculos. Comencemos con entender el concepto del amor propio.

Uno de los aspectos más difíciles para los seres humanos, de acuerdo a nuestros ángeles guardianes es el de alcanzar el amor propio. Como individuos nos rodeamos, desde muy temprana edad, con la idea de complacer a otros. En muchas religiones, se nos enseña a amar y honrar a nuestro Ser Supremo así como a nuestros padres, y a nuestro prójimo. Apenas comenzamos a racionalizar, buscamos la aprobación y el amor de nuestros padres, para que se nos acepte o premié. La sociedad nos enseña que debemos ser buenos con nuestro prójimo, nuestros hermanos y hermanas, nuestros vecinos y algunas veces hasta con nuestros enemigos. Se dedica muy poco tiempo a enseñarnos a amarnos a nosotros mismos. Los niños Indigo, que discutimos en el capítulo anterior, no llegan con esta falta de amor propio en su ser. Ellos están conscientes de su valor y de su importancia desde un principio, y tratan de no ser dependientes de otros para satisfacer su propio reconocimiento. Muchos creen que esto también trae un nivel de arrogancia y egoísmo, pero en realidad, lo que hace es remover obstáculos innecesarios de sus caminos.

En muchas sesiones con mis clientes y sus ángeles guardianes, el mensaje que recibo repetidamente, es que se necesitan amar más a si mismo. Nos dicen que el amor es la única constante fuerza de energía en este planeta. Lo que eso significa es que ese amor es la única variable que en cualquier ecuación, siempre será constante. Está accesible a cada persona de este planeta y en cualquier momento. El amor propio es el primer nivel de amor accesible que existe en el momento de nacer. Desafortunadamente, también es el primer nivel de amor accesible, con el cual fallamos en conectarnos.

Muchos de nosotros luchamos por ser aceptados por otros, y en esa lucha, buscamos fallas que nos sirvan como excusas por no ser aceptados o queridos. Luchamos a lo largo de nuestras vidas con los otros niveles de amor, como el amor de familia, el de amigos, la exploración de la intimidad, y parecemos perdidos y molestos cuando estos amores no se reflejan en nuestra vida diaria. Podemos pasarnos la vida entera buscando estos amores, y no nos tomamos tanto tiempo o esfuerzo, en descubrir el amor propio. Desde muy temprana edad, se nos confunde al explorar o expresar el amor, y sentimos que el amor es una interacción entre dos personas diferentes. Fallamos en reconocer que el primer amor verdadero es la interacción entre nosotros y nuestras almas.

El amor entra en nuestra existencia en diferentes etapas de acuerdo a nuestra madurez y desarrollo físico. Desde el momento que nacemos, dependemos de nuestros padres para nuestra crianza, para que los quieran, nos cuiden, nos protejan, a medida que nos adaptamos a las inconveniencias del cuerpo físico que se nos ha dado. A medida que llegamos a los seis años, se nos arroja a una sociedad donde necesitamos luchar por la atención y amor de nuestros maestros y de otros familiares, como hermanos y abuelos. Cuando llegamos a nuestra adolescencia, sentimos que debemos de dejar de depender tanto de nuestros padres, y buscamos un nivel de amor romántico en nuestra sociedad y dentro de nuestro grupo y generación. Desde ese punto en adelante, nuestras vidas se convierten en una lucha por descubrir y mantener una relación de amor con una pareja y luego con nuestros niños. A través de todo este ciclo nos dedicamos muy poco tiempo a amarnos a nosotros mismos y a apreciar lo que somos.

Todavía hoy en día, una de las preguntas primordiales de mis clientes a sus ángeles es, "Puede decirme mi ángel ¿Quién es mi espíritu afín y cuando lo conoceré?" Por alguna razón relacionamos la palabra amor, como una atracción por otra cosa o ser. Fallamos en ver la posibilidad de amarnos a nosotros mismos como una relación entre nuestro corazón y alma, nuestro consciente y subconsciente, entre nuestro ser físico y nuestra existencia espiritual interna. Hay muchas relaciones personales dentro de nuestro propio ser que aclaman atención y amor, pero estamos muy ocupados buscándolas afuera. Nuestros ángeles nos dicen que usualmente no encontramos ese amor perfecto en nuestras vidas porque no hemos olvidado de una o más de nuestras relaciones amorosas internas.

Nuestros ángeles nos dicen que la habilidad de experimentar el amor, como un evento diario, está a todo nuestro alrededor. Necesitamos ver a nuestro alrededor y dentro de nuestros límites, y descubrir lo que nos hace felices. Muchos de nosotros llegamos a un punto en nuestras vidas donde comenzamos a dejar de hacer las cosas que nos hacen felices porque no tenemos el tiempo para disfrutarlas.

Si no, sentimos que tenemos que dedicar todo nuestro tiempo libre a buscar y crear la relación perfecta, esa que continua escapándose de nosotros. Aquellas cosas como nuestros talentos, la aceptación de como somos, la apreciación por la belleza natural, la risa, y la exploración, comienzan a tomar un lugar secundario a medida que nos dedicamos a la búsqueda de el amor verdadero. Cuando podamos observarnos y apreciar lo perfecto que somos, estaremos listos para permitirle a otra alma entrar en nuestros corazones y podremos apreciar su perfección en unión con la nuestra. Los ángeles me dicen que algunas veces nos malacostumbramos con el amor incondicional que dejamos atrás en el mundo espiritual, y que luchamos por encontrar algo similar en este mundo material. En espíritu, el amor simplemente existe, está a todo nuestro alrededor, y no tiene que ser ni buscado ni creado. En el plano físico, todavía simplemente existe, pero nos cegamos a su accesibilidad ya que nuestra energía es más densa y más lenta. Esta energía lenta nos permite crear obstáculos que nos nublan la claridad del amor que existe a nuestro alrededor.

Para darles un ejemplo de como la falta de amor propio nos puede destruir, permítanme compartir una experiencia que tuve en una consulta que le hice a una dama a principios de sus cincuenta años. Esta mujer quería hablar con su Angel Guardián, y quería regañarlo por no traerle amor a su vida. Según ella misma, era una dama atractiva, económicamente segura, educada, y en control de su vida. Su mayor queja era que nunca tuvo una relación que durara. Se había divorciado dos veces y se había dado por vencida a la idea de que dos personas pudieran amarse y estar juntas por más de cuatro años. Podía sentir la amargura en su voz a medida que trataba de explicarme la horrible desdicha que había experimentado en el área del amor. Siempre trato de permitir que mis clientes hablen y se relajen antes de comenzar mi sesión, ya que uso su energía física para conectarme con sus ángeles. De manera que dejé que esta dama se desahogara y que hablara con su corazón por unos minutos antes de comenzar la sesión. Poco después comencé a conectarme con su ángel y noté su cara llena de tensión y sus manos empuñadas sobre sus piernas.

Después de describirle su Angel, interrumpió la conversación y me dijo que le preguntara a su Angel por qué él le había fallado en conectarla con su amor perfecto. Su Angel sonrió, y dijo que no era él el que había fallado, si no que era ella que no había abierto su corazón y su mente a un sin número de oportunidades que él le había puesto en su camino. Esta respuesta la agitó, y se preparó para comenzar un debate. Su Angel le pidió que antes de que el continuara con su explicación, él quería oír como se sentía ella sobre si misma. Esta pregunta la agarró desprevenida. Sorprendida, se paró y preguntó que quería decir con esa pregunta. El Angel de nuevo repitió y agregó, "¿Cómo te sientes acerca de ti misma, y de tu individualidad propia?" El le preguntó si ella se amaba. Ella respondió rápidamente que sí, con mucha confianza, y él le preguntó por qué. Ella me miró algo confusa, y yo le dije que estaba allí en el medio como traductor, y que ella necesitaba contestar su pregunta para que pudiéramos continuar con la consulta.

Esta mujer se quedó en silencio por unos dos minutos y después comenzó a llorar. Ella dijo que nunca sintió en su corazón como si se conociera a si misma. Ella pasó la mayor parte de su vida alcanzado metas y niveles de la llamada perfección en su vida. Esta dama pensó que al hacer esto, su hombre ideal la notaría por sobre otras mujeres y se sentiría atraído a ella. Su Angel sonrió esa típica sonrisa angelical que sólo ellos pueden perfeccionar, y le dijo que cuando ella tenía veintiún años conoció a un joven en la universidad que se sentaba frente ella en la clase de filosofía. Ella miró al techo por unos segundos a medida que trataba de recordar. Ella dijo que sí, que el siempre le hacia preguntas acerca de su vida personal, y que él siempre la sacaba de sus casillas. Su ángel continuó, y le preguntó que si recordaba que ese joven le ofreció llevarla a casa cuado su carro se descompuso en el estacionamiento de la universidad. ¡Ella de nuevo pensó por unos segundos y dijo que sí, pero que ella no veía que tenía eso que ver con todo!

Su Angel le preguntó de nuevo, por qué ella se rehusó permitirle a ese joven que la llevara a su casa, aunque a ella le parecía atractivo. De nuevo ella respondió que él siempre le estaba haciendo preguntas de su vida personal y que sentía que no eran asunto de él. Eventualmente ella cambió su historia, y admitió que estaba molesta porque su carro estaba averiado. Estaba avergonzada por aceptar su ayuda o la de nadie, ya que en su mundo perfecto ella no debía estar manejando un carro con problemas. La dama también admitió que algunas de las preguntas del joven la forzaban a pensar en aspectos de su vida y de su personalidad, que ella odiaba. De manera que este joven la estaba forzando a verse como ella era en realidad y eso era algo con lo que ella no quería lidiar.

Su Angel le dijo que este joven estaba enamorado de ella, pero que ella estaba tan apartada de su amor propio, que el la intimidaba a no acercarse a él. Su Angel continuó y le dio los detalles de otros dos hombres que fueron puestos en su camino y que nuevamente por los problemas de falta de amor propio, ella buscó excusas y nunca les dio una oportunidad. El Angel le dijo que los hombres con los que eventualmente salió y con los cuales eventualmente se casó, fueron hombres que se enamoraron de esa imagen de perfección, ya que estaban impresionados con lo que ella representaba y no con lo que ella era.

Esta fue la falsa impresión que ella se creó para si misma, la que nunca le permitió encontrar a alguien que entrara en su corazón en una forma permanente. Por su inhabilidad de amarse a si misma y su búsqueda por la perfección, ella apartó a los hombres de su vida que la apreciaban por lo que ella era en realidad. Además, nunca exploró su habilidad de amarse a si misma. Esos hombres la vieron como un ser en su totalidad y hubieran pasado el resto de sus vidas con ella. Ellos estaban dispuestos a ser parte de su vida si ella se hubiera dado la oportunidad de creer que lo que llevaba dentro de sí era tan importante como lo que demostraba por fuera. Ella perdió varias oportunidades de estar con su alma afín.

Nuestra habilidad de apreciar quienes somos, nos permite convertirnos en los seres espirituales completos que somos. Una vez que esto sucede, podemos producir un nivel de amor para con nosotros y para todo lo que hacemos. Esto a su vez crea energía positiva que atrae a otros. Al darnos la oportunidad de aceptar nuestra esencia total, en todos los aspectos de nuestro individualismo, creamos un nivel de amor que nos empuja a completar nuestra misión en la vida. Esto también elimina esas inseguridades que tenemos al esperar por la aprobación de otros o para que ellos nos enseñen como amar. El amor propio es la semilla que nos permite, como seres humanos, desarrollar la habilidad de ver lo mejor en otras personas. A medida que enfrentamos nuestros miedos, nuestros problemas personales, y nuestras fallas, para desarrollar nuestro amor propio, también nos permitimos ver el amor verdadero que existe en todos los otros seres. Esto hace que nuestras vidas sean una bendición en vez de una tarea que hay que completar.

La segunda área del amor que veremos es el amor por otros. Esta es un área enorme, llena de luchas y dificultades por el hecho de que todos tenemos necesidades, personalidades, deseos y características diferentes. Como se mencionó brevemente al principio de este capítulo, pasamos por periodos en nuestras vidas donde comenzamos a entender que el amor llega en muchas formas a medida que se nos presentan diferentes opciones. Estas opciones cambian a medida que maduramos o que aceptamos más responsabilidades. Tenemos el amor por los miembros de la familia, el amor de amigos, el amor por la humanidad en general, y por supuesto tenemos el amor íntimo y electrizante de nuestra pareja. Nuestros padres juegan un papel importante en el desarrollo del amor ya que ellos representan el primer modelo en esta área. Obtenemos nuestras primeras experiencias de amor a través de la interacción con nuestros padres desde el momento en que nacemos. Anteriormente, hablé de cuando era niño, los abrazos no eran comunes en mi hogar. De manera que a medida que crecí, tuve muchas dificultades en demostrar un amor físico. Se me hacía muy incómodo abrazar a alguien como señal de afecto. Evitaba los abrazos de los amigos, de miembros de mi familia a los que no había visto en mucho tiempo, y especialmente, evitaba los abrazos de gente extraña. Nosotros nacimos buscando afecto desde el momento que abrimos los ojos. Ese afecto puede ser el calor del cuerpo de nuestros padres, la leche del seno de nuestra madre, o sólo la caricia o el abrazo de un padre orgulloso. Aunque se me dio este afecto, no se demostró fuera de mí, entre mis padres, o entre muchos de mis Familiares. Mantenemos este deseo de recibir afecto, especialmente por parte de nuestros padres, a lo largo de nuestras vidas. Lo que hacemos es esconder este deseo ya que cuando llegamos a nuestra juventud, estamos supuestos a ser independientes, y no deseamos ser vistos por nuestros amigos, abrazando, besando, o tomándonos de las manos con nuestros padres.

Nuestros ángeles Guardianes no pueden creer por lo que pasamos a lo largo de nuestras vidas sólo para conectarnos con cualquier aspecto del amor. Ellos encuentran difícil de creer que un sentimiento que anhelamos con todo nuestro corazón es también un sentimiento que tratamos de no expresar por miedo a ser rechazados. Esto nos lleva de nuevo al amor propio y la aceptación. Si nos amaramos lo suficiente para apreciar nuestra perfección, entonces no podríamos tener espacio en nuestras mentes para aceptar que alguien nos conecte con el rechazo. Nuestros ángeles son verdaderos románticos. Ellos hablan de las infinitas oportunidades de tocar el corazón de otro, y de verlos flotar en el aire cuando se alejan de nosotros. Ellos ven el amor como una expresión tan bella, que no entienden porqué luchamos tanto en esta área de nuestras vidas. Tuve un Angel Guardián que me preguntó el ¿Por qué, con todas las millones de personas viviendo en este planeta al mismo tiempo buscando una conexión amorosa, tantos de nosotros andábamos solos y tristes? Le contesté que la mayoría de las personas no pueden encontrar a la persona ideal que los haga feliz. El Angel me respondió rápidamente diciendo que si fueran felices para comenzar, no necesitarían de otros para hacerlos felices, sólo necesitarían de alguien a quien demostrarles su amor. De más esta decir que perdí ese debate, aunque es tan maravilloso el poder compartir con estos seres de luz y amor, no porque tengan todas las respuestas sino por su amor incondicional para aceptar nuestras respuestas sin juzgarnos.

En general, la mayoría de los seres humanos se quedan atrás cuando se refiere al amor incondicional por otros. Nos apresuramos en juzgar las cosas que son diferentes a nosotros. Una vez más, aquí es cuando la cara fea del miedo viene al caso. Si sentimos que alguien es diferente, o que tiene ideas diferentes a las nuestras, automáticamente esto nos hace sentir que entonces esta persona no estará de acuerdo con lo que somos. Si no está de acuerdo con lo que somos, asumimos que tratará de cambiarnos, y antes de que eso suceda, lo alejaremos de nosotros o lo ignoramos. Tenemos miedo de que cambien o nos obliguen a cambiar nuestras opiniones de lo que pensamos que somos. El miedo nos impide cambiar, como ya lo hablamos en los primeros capítulos de este libro. La base fundamental, es que tenemos dificultad en expresar el amor hacia los demás ya que nos pueden forzar a vernos de otra manera, o nos obliga a enfrentar el rechazo. De nuevo, si somos forzados por otro a vernos en realidad como somos, entonces nos enfrentaremos a un reto que no queremos enfrentar y estaremos de nuevo frente a la primera dificultad en el amor, el amor propio.

Nuestros ángeles quieren que aprendamos que las diferencias dentro de todos nosotros es lo que permite que aprendamos más de nosotros mismos. ¿De que otra manera podremos descubrir más acerca de nuestra existencia como individuos si no vemos las cosas que nos hacen diferentes? Si todos pensamos, actuamos, y nos vemos de la misma manera, no tenemos comparación para crear cambios y tener individualidad. La habilidad de cambiar nuestras vidas basándonos en las experiencias encontradas en el amor de otros, es una de las herramientas que tenemos para obtener claridad en nuestras existencias y en nuestra misión en la vida. Si pudiéramos dominar este proceso, no tendríamos que repetir tantas vidas físicas, y podríamos avanzar hacia nuestra evolución espiritual más rápidamente. El amor de otros, sin importar el tipo de relación, nos permite crecer como seres espirituales. Este planeta es el área de prueba donde descubrimos cuan lejos necesitamos prosperar y que más tenemos que aprender de nosotros mismos para alcanzar ese nivel incondicional de amor universal. Algunas veces tememos que nuestro amor no sea aceptado, o que la inhabilidad general de expresar el amor, pueda crear un bloqueo que pasará de una vida a otra. A continuación hay un ejemplo de esta situación.

Un día durante una consulta, el Angel Guardián de una dama, me mostró varias escenas de su más reciente vida pasada. Al principio de los años 1800, a la edad de veinticuatro años ella estaba casada con un hombre que había sido elegido para ella por su familia. Ella no sentía amor por este hombre, pero en la tradición familiar este tipo de matrimonio era un proceso normal. A los seis meses de casada, ella huyó de su marido ya que no podía seguir viviendo en una relación falsa. Ella temía regresar con sus padres ya que esto los deshonraría. La única otra alternativa era que se fuera sola, lo más lejos posible de su comunidad. Tuvo un viaje muy difícil ya que las mujeres no viajaban solas en esa época, y las pocas que lo hacían, se les veía como de baja clase o como prostitutas. Después de pasar varios pueblos encontró un sitio donde sintió que podía comenzar de nuevo. Quizá en ese sitio podría encontrar a un hombre que pudiera amar de verdad y posiblemente tener ese niño que tanto quería. Después de varios meses se encontró trabajando como costurera e independiente. Eventualmente encontró un hombre que se enamoró de ella con la misma intensidad con la que ella se enamoró de él. Nunca le mencionó su pasado, ya que esa memoria era una mancha en su corazón y quería olvidar del todo ese matrimonio. Ella quería casarse con este individuo, quería quedar embarazada, quería sostener a su niño en sus brazos, y simplemente quería olvidar su pasado.

El tiempo pasó y si se casó con este caballero, pero no pudo quedar embarazada. Eventualmente se dio por vencida de la idea de no ser madre. Ella pensó que Dios la había castigado por abandonar a su primer esposo y por desobedecer a sus padres. A medida que pasaron los años, ella se convirtió en una mujer amargada y deprimida y comenzó a ignorar a su marido, aquel quien ella vio como su amor verdadero. Eventualmente él perdió la paciencia con ella y tuvo relaciones amorosas con otra mujer y decidió mudarse con esta otra mujer ya que esa mujer le pudo dar un hijo. Ahora, sola y miserable ella acumuló toda su rabia, odio y desilusión y salió de su casa tarde una noche. Miró al cielo y le gritó a Dios con toda su fuerza diciéndole que no necesitaba su permiso, su amor o su protección y agregó que no necesitaba de nadie en su vida. Ella no necesitaba de amor para sobrevivir y que podía vivir sola sin tener que depender de nadie.

Varios años más tarde, esta mujer murió desnutrida, muy sola, y amargada.

Su entrada al reino espiritual fue difícil. Ella mantuvo su furia y amargura pero lo más importante es que ella se aferró a las palabras que le grito a Dios cuando estaba viva. Sin poder deshacerse completamente de esa furia, ella re-entró a su vida presente con esas vibraciones todavía intactas. Esa energía emocional era tan fuerte que en su vida presente, ella perdió a sus padres a la edad de cuatro años y ella fue criada por su abuela hasta los nueve años. A esa edad su abuela sufrió un ataque al corazón y perdió la vida. Ella fue internada en un orfanato. Esta mujer dejó el orfanato a la edad de doce años y fue criada por padres adoptivos con los cuales nunca se llevó bien. Ella sufrió mucho a lo largo de su vida y ahora a la edad de veinticuatro años, había venido a verme porque tenía tres años de casada, había tenido dos abortos y quería apasionadamente ser madre.

Su Angel le explicó que la ira de su vida pasada y toda su energía se habían transferido a su vida presente. Ella le había pedido a Dios en su vida pasada que ella no necesitaba a nadie en su vida para sobrevivir. Esas palabras la acompañaron a esta vida y desde temprana edad ella había estado constantemente sola, y aquellos que la amaban fueron removidos de su vida, todo para cumplir su petición. Esta mujer lloró y ciertamente entendió esos sentimientos de su vida pasada y sintió como se le quitó un gran peso de su corazón. Ella dijo que en esta vida en realidad nunca se sintió amada y que nunca se amó a si misma. Ella estaba sorprendida de que el hombre con quien estaba, tenía suficiente interés en ella hasta para casarse con ella.

Esta misma mujer me llamó un año y medio más tarde para decirme que en sus brazos tenía a su hija recién nacida, y sólo quería agradecerme por permitirle a su Angel ayudarla en deshacerse de esa rabia que tenia contra el amor. Lo maravilloso que es el descubrir traumas de vidas anteriores es que nuestras mentes son tan poderosas que una vez que el individuo entiende la conexión entre el problema y su origen, la mente y el alma comienzan a crear un nuevo flujo de energía que se deshace del problema en la vida presente. Como pueden ver, el amor es tan poderoso que aún de una vida a otra se convierte en una necesidad que debe resolverse y completarse.

Algunas veces, esta falta de amor o la experiencia de haber sido herido por amor, puede manifestarse como una dolencia física o una incapacidad de aprendizaje. Una mujer a principios de sus cincuenta años, vino a verme para una consulta un día en la tarde. Ella estaba sufriendo de una enfermedad conocida como fibromyalgia. Es una enfermedad muy dolorosa por la gran sensibilidad que causa en los nervios y músculos. Esta enfermedad hace que el cuerpo sea demasiado sensitivo, donde un simple roce para cualquier otra persona puede causar un gran dolor en todo el cuerpo.

A medida que me hablaba de su dolor yo casi podía sentir la lucha diaria que tenia que enfrentar sólo para completar las más simples tareas diarias. A medida que empezamos la consulta, hablamos rápidamente de la causa por la cual esta enfermedad se le había conectado. Parece que hacia cinco años ella había pasado por un divorcio muy difícil. Este divorcio le había roto su corazón y su alma de tal manera, que se dijo a si misma que nunca quería amar de tal manera a otra persona. Ella no quería volver a sentir ese dolor que sintió durante su separación y su eventual divorcio. Ella nunca quería volver a pasar por la humillación del rechazo, y no quería que la volvieran a herir emocionalmente de nuevo. Su cuerpo escuchó sus demandas y creó un problema físico donde el tema de no querer sentir más internamente se compensó con sentir mucho más externamente en su cuerpo físico. Su cuerpo emocional no quería hacer frente con el dolor, de manera que se lo transfirió al cuerpo físico para que este lo hiciera. De manera que una vez más nuestros ángeles tratan de enseñarnos que nosotros estamos realmente encargados de nuestras vidas y que nos manifestamos de acuerdo a nuestras necesidades, pensamientos, temores y deseos. Hasta cierto punto ese dicho que dice "Ten cuidado con lo que desees," puede se aplicado a los ejemplos que discutimos. Somos los cocreadores de este mundo, y el amor juega un papel crucial en lo que traemos a nuestra existencia, sea por la carencia, el deseo o la expresión de este.

Finalmente entraremos en la discusión del amor espiritual, el tercer nivel y el más poderoso. Este es el amor que va más allá del plano físico. Este es el amor por nuestros ángeles, por nuestra Energía Suprema, por nuestro ser espiritual. Este es en realidad el nivel más alto del amor ya que al amar a nuestro ser espiritual y a todo lo que nos conecta con el espíritu, descubrimos el amor incondicional. Un sin número de personas que han estado a punto de morir y han regresado, han compartido sus experiencias y nos han dicho como el nivel de amor en el reino espiritual esta más allá de nuestra comprensión. Es como si todas nuestras emociones positivas y las expresiones de amor son magnificadas miles de veces. He hablado con muchas de estas personas que estuvieron muy cerca de la muerte, y que fueron testigos de la entrada a un sitio donde la dicha total y el sentimiento de pertenencia fueron muy fuertes. Algunos han tenido una experiencia con un ser espiritual o angelical, y también han expresado un sentimiento de un nivel de amor nunca visto o sentido en la forma humana. Yo mismo, me encontré entrando un estado espiritual cuando estaba cerca de mis treinta años, mientras batallaba un problema de salud muy serio. Puedo decir que esa experiencia nunca se puede olvidar. Imagínate toda emoción positiva que puedas sentir y multiplícala mil veces. Por esto es que tantas personas que tienen esta experiencia, normalmente se sienten desilusionados cuando se dan cuenta que tienen que regresar al mundo físico. Nuestros Angeles Guardianes mantienen un tipo similar a esta energía alrededor de ellos, debido a la dimensión en que ellos existen. De hecho muchos de mis clientes, que vienen para una consulta con los ángeles, me dicen que sienten una vibración o energía a su alrededor en el momento que sus ángeles entran y comienzan a hablar con ellos. Obviamente, no es tan fuerte como si entraran al estado espiritual, pero es suficientemente fuerte para que ellos sientan un cambio en la sala.

Una vez grabé un programa de televisión en Venezuela donde ciertos actores famosos fueron traídos al escenario para que yo los pudiera conectar con sus ángeles guardianes. Yo me tomé unos cinco minutos con cada uno de ellos, les describí a su Angel y les transmití uno que otro mensaje de sus Angeles. Yo nunca había conocido previamente a estas personas, ni siquiera el día de la presentación. Solamente las vi en el momento que subieron al escenario. Este programa fue filmado en vivo y frente a una audiencia. Estaba muy nervioso ya que el programa era en Español, y en ese momento mi habilidad para hablar Español con fluidez era una lucha. Para hacer las cosas más difíciles, era un programa popular, presentado a millones de personas y en la mañana. Durante el programa y sin excepción, cada persona a quien le presenté su Angel, terminó llorando. Cada uno de ellos dijo que sintió una carga eléctrica de amor incondicional que los rodeaba y que emanaba de su ángel.

Al final del programa, los camarógrafos, la anfitriona, la audiencia, y algunas de las personas que trabajaban el cuarto de control también estaban llorando. Cuando el programa salió al aire, en menos de tres horas recibí alrededor de doscientas llamadas telefónicas, correos electrónicos y faxes de gente que me dijo que acababan de ver el programa y que ellos también lloraron en sus casas. Otros llamaron para simplemente darme las gracias por permitirles saber que todos tenemos un ángel guardián y que no estaban solos en este mundo. Otros llamaron para decir que ellos sentían que los ángeles existían, pero que yo les había dado la prueba que les hizo más fuerte ese sentimiento. Esta fue una experiencia que la llevaré conmigo por siempre, ya que también fortaleció la necesidad que la humanidad tiene que saber que se nos da amor incondicional por el Espíritu y por nuestros ángeles. Si nos permitimos aceptar ese amor, esto nos ayudará a enfrentar a esos retos difíciles en nuestras vidas y a crear un sentido de balance en nuestros corazones. Necesitamos aprender a no culparnos por las decisiones y los errores en la vida, pero si debemos realizar, como también lo hacen nuestros ángeles Guardianes, que estamos tratando de hacer lo mejor que podemos y eso en sí, ya es más que bien.

El amor espiritual es también ese amor que nos permite admirar la belleza de nuestro planeta y a esos milagros que se nos presentan de vez en cuando. También nos permite respetar a otras formas de vida y ver que compartimos una vía común en la creación de la vida. El amor espiritual nos permite aceptar la vida como venga, sin juicio y con un sentido de inocencia.

Nuestros ángeles quieren que comprendamos que llegamos a este mundo solos y que eventualmente solos lo dejaremos. Hemos tenido ayudantes desde el momento que entramos, a lo largo de nuestras vidas y luego nos esperan al morir. Durante la vida presente, si tenemos suerte de conectarnos con el amor, entonces podremos descubrirnos a nosotros mismos y avanzar en nuestra vida espiritual. De manera que, si tú has tenido una pareja amorosa increíble por cinco, veinte años o toda una vida, siempre recuerda esa memoria, pero mantente disponible para otra unión de pareja. Nunca te debes sentir responsable por la falta de amor en otro o sentir la necesidad de quedarte en una relación sin amor, sólo porque ellos digan que no pueden vivir sin ti, aún cuando tú no compartas esos sentimientos. Este no es un boletín de los ángeles diciendo que todos debemos comenzar a divorciarnos. Lo que digo, es que el amor es en realidad una de las experiencias más grandes que se puede tener y que nunca debemos perder la oportunidad de descubrirlo. Muchas parejas, después de un periodo de tiempo, dejan atrás ese amor del uno por el otro. Algunas veces es su destino que sigan adelante, ya que en su karma, ellos han llenado esa obligación que la vida les tenía. El quedarte en una relación sin amor solo hiere a la otra persona y a ti mismo. Lo primero es que cada uno haga el esfuerzo de ver si esa chispa todavía existe, y si es así, luchar con cada onza de tu ser para encenderla de nuevo.

El amor continúa siendo, y siempre será el combustible de la vida, no importa la dimensión o el nivel de existencia. Si nosotros como seres humanos, hacemos del amor una prioridad que debe ser sentida y experimentada cada vez que sea posible, llevaremos la delantera en el juego. Al extender el amor a otra persona, uno reconoce lo especial que en realidad somos todos. Mientras más nos conectamos y descubrimos el amor propio, más oportunidades tendremos para que el amor se haga presente diariamente en nuestras vidas y se nos hará más fácil entender y seguir los caminos que nuestros ángeles nos enseñan. Sin importar lo que hemos hecho en forma negativa en el pasado o lo que estamos haciendo en el presente, el amor de nuestra Energía Suprema nunca nos juzgará o castigará. Nosotros somos los que estamos muy ocupados haciendo eso.

Somos energías de amor, que estamos tratando de hacer sentido de nuestra naturaleza espiritual sobre un planeta físico. Mientras más rápido nos demos cuenta que el amor es lo que nos hace diferente a la energía material, nos será más fácil la transición a esta vibración más alta. Acepta esta nueva unificación con los brazos abiertos, pero es aún más importante, aceptarla con un corazón abierto.

En los capítulos anteriores que contienen mensajes de nuestros ángeles, les he dado un ejercicio o actividad para que los ayude a llevar estos mensajes a lo más profundo de sus corazones y mentes. En este capitulo, haré algo diferente. Deseo simplemente compartir un poema que escribí en reconocimiento de ese amor entre nosotros y nuestros ángeles Guardianes.

Martin Crespo

SOY SIMPLEMENTE...TU ANGEL

No hay necesidad de que siempre mires hacia atrás
Ya que mi misión es de estar siempre contigo
En realidad no hay necesidad de que alguna vez te sientas solo
Solo nunca caminarás, Ya que soy parte de ti

En aquellos días que sientas que no puedes más
Mi decisión será de cargar tus pesares y melancolías
En aquellos días en que sientas que a nadie le importas
Te traeré recuerdos de ser libre y sin preocupaciones

Cuando el dolor sea tal que las lágrimas no salgan más
Te llevaré a la alegría y hazte te abriré la puerta
Cuando tu fe falle y tus ojos simplemente no puedan ver
Te rodearé de amor y sabrás que soy yo
Porque yo soy tu ángel de luz, tu ángel de amor
Soy la mano que se extiende desde las alturas
Soy las alas de tu alma cuando estés listo para volar
Soy el que verás justo antes de morir y de nuevo cuando mueras

Soy simplemente... Tu ángel

Capítulo 13:

Tiempo para Reaccionar

Como lo mencioné al comienzo de este libro, cada uno de los primeros diez capítulos que trae un mensaje de nuestros ángeles, tiene el potencial de convertirse por si mismo en un pequeño libro. Lo que hice fue recopilar los rasgos más sobresalientes de muchos años de comunicación con nuestros ángeles Guardianes y dar algunos pensamientos, algunas ideas y algunas herramientas, las cuales pueden servir de ayuda en este viaje que se llama vida. Espero que cuando lleguen a esta parte del libro, se hayan tomado el tiempo para reexaminar sus propias vidas y evaluar donde podrían hacer cambios y tomar nuevos rumbos. Algunos de ustedes saltarán algunos capítulos y leerán sólo aquellos que les llame la atención, otros leerán el libro completo y sentirán un aire fresco y en cambio otros leerán el libro completo y sentirán que nada ha cambiado en sus vidas. Cualquiera que sea tu experiencia, esa es exactamente la que tu Angel quería que experimentaras. El rumbo que tomes al leer este libro será la dirección ideal para ti. Yo no escogí escribir este libro para probar o validar la existencia de los ángeles Guardianes, en realidad escribí este libro para validar tu propia existencia.

Somos muy afortunados de vivir en un tiempo donde están pasando muchas cosas, tanto en nuestra existencia física como espiritual. Hay mucha energía que se está repartiendo en este momento en un sin número de direcciones alrededor del planeta y que continuará aumentando, sin importar las creencias, temores o dudas. La humanidad está pasando por un proceso donde nuestros cuerpos espirituales están finalmente despertando a un nivel consciente. Si llegaras a entender en realidad lo que esto representa, te tocaría el corazón profundamente y se te saldrían las lágrimas de los ojos. Lágrimas de felicidad, de logros y de comunión con el espíritu a medida que te das cuenta de la magnitud de lo que está ocurriendo en este momento.

Lentamente se nos está permitiendo por primera vez en la historia de la humanidad, ser nuestros propios guías y maestros espirituales. Esto no significa que nos están abandonando, todo lo contrario, nos estamos graduando y asumiendo nuestras propias responsabilidades. El espíritu no nos está dejando para que resolvamos todo por nosotros mismos, se nos está aliando para trabajar juntos y para que nuestro viaje sea más fácil y más efectivo. Hemos comprobado que la humanidad es capaz y digna de deshacerse de sus limitaciones físicas y de traer un nuevo nivel de conciencia completamente diferente a cualquier otro en el pasado.

No es coincidencia que este libro se publique y sea distribuido a finales del año 2006. Los ángeles me han dicho que el año 2007 nos traerá muchos cambios. Hay muchas personas que decidieron venir a este mundo durante estos tiempos difíciles para ayudar a la humanidad. Estas personas concientemente en estado espiritual escogieron nacer en forma humana y vivir en estos tiempos. Ellos querían ser los responsables de ayudarnos a adquirir el conocimiento, la sabiduría, la espiritualidad, el valor y la capacidad de curar, para cambiar las cosas y así darle una segunda oportunidad a nuestro planeta. A estos individuos se les conoce como los trabajadores de luz. Muchos de estos trabajadores de luz están cuidando y amando a todas esas personas que quieren ayudar y hacer una diferencia. Desafortunadamente, les ha ido mal a muchas de estas personas en los últimos años, en las áreas de finanzas, de amor, de la salud, de relaciones, del trabajo y otras más. De acuerdo a nuestros ángeles, aproximadamente el cincuenta porciento o más de estos trabajadores de luz alrededor del mundo, se darán por vencidos en querer ayudar a la humanidad antes del final del 2006. Aquellos que mantengan su fe, superen los obstáculos que se les presenten y lleguen al 2007 con la misma buena voluntad de ayudar a la humanidad, recogerán sus frutos. Los años del 2007 al 2012 corresponden a un período de cambios en el que muchos de estos trabajadores de luz superarán bloqueos, resolverán problemas personales y finalmente sentirán como si estuvieran cumpliendo sus misiones.

El año 2012 siempre ha sido visto en el calendario Maya, como el año cuando el mundo va a cambiar. Muchos lo han visto como el final de la civilización. En realidad este será el comienzo de un nuevo desarrollo. Es un momento cuando podemos comenzar a implementar nuevas ideas, nuevos pensamientos, tales como los que vimos en los capítulos anteriores y comenzar a trabajar por una conciencia de grupo. Hay una urgencia en este asunto, de manera que todos necesitamos participar en este desarrollo.

Yo quisiera compartir una experiencia que me pasó cuando tenía alrededor de veintiún años y hoy más de veintisiete años después, continúa siendo procesada mental, emocional y energéticamente dentro de mí. Yo había estado involucrado por casi un año con el grupo de psíquicos que mencioné anteriormente y la persona que era el líder del grupo quería tratar un experimento conmigo. El sabía que yo me podía comunicar con el mundo espiritual y sabía que mi cuerpo podía aguantar una gran cantidad de energía. Habíamos hecho regresiones que es una forma hipnótica de ayudar a las personas a recordar sus vidas pasadas. Después de casi un año de compartir con este grupo, no tenía ningún problema en probar nuevas aventuras, especialmente en el área de desarrollo psíquico y especialmente si era un poco arriesgado. El estaba fascinado con la terapia de regresión y había documentado muchos de sus casos. El quería ver que tan lejos podía llevar a alguien en su recuerdo consciente de vidas pasadas. Yo estaba familiarizado con el proceso porque él ya me había hecho una regresión que me llevó al siglo XIV cuando morí en batalla en las cruzadas religiosas. Sin ser muy aficionado a la Historia, yo había investigado bastante sobre la información que revelé durante mi regresión y estaba sorprendido que había podido encontrar tanta prueba documentada. Hablamos del experimento y decidimos reunirnos en un grupo pequeño el viernes siguiente por la noche. Tenía confianza total en este individuo y siete de nosotros nos reunimos puntualmente a las siete de la noche de aquel viernes.

Antes de comenzar, decidimos conectar un micrófono a mi camisa para que cualquier información que saliera de la regresión fuera grabada. Como la primera vez, se me colocó en una posición relajada y en un profundo estado de relajamiento mental. Se me dijo que me conectara con mi subconsciente y que buscara la memoria más antigua que mi alma produjera. Debido a que yo había trabajado desde muy pequeño con el poder de la mente, entré en un estado de relajamiento hipnótico rápidamente y me dejé llevar completamente. Poco sabía que este viaje cambiaría mi vida totalmente. Me sentí flotando a través del tiempo como si estuviera en un túnel sin principio ni fin. Lo único que veía eran pequeños detalles de eventos, caras y luces. Esto me pareció durar unos momentos cuando de repente, me encontré en un nivel de energía como el que nunca había experimentado.

Aunque parezca difícil de creer, fui transportado al pasado, a un tiempo cuando la humanidad como entidad física, todavía no había sido creada. ¡Había viajado al pasado a encontrarme con la Energía Suprema! Todo lo que podía sentir era el nivel más puro de energía, amor y sabiduría envuelto en pura perfección. Para mi era como entrar en el corazón de Dios. Yo había viajado hasta los orígenes del tiempo, aún antes de que el tiempo existiera. Estaba consiente de todo pensamiento, sentimiento y todo lo que era, podía ser y sería, todo al mismo tiempo. Fue la sensación más imponente de unidad que cualquiera pueda imaginarse. Durante esta regresión comencé a explicar en detalle como la Energía Suprema contenía todo lo que fuera posible menos experiencia. Como lo mencioné en el capítulo nueve, bajo el tema de unificación con el ejemplo de la bola de hilo, todo era perfección, pero no había un sentido de origen.

Esta Energía Suprema era completamente sabia pero no tenía idea de como obtuvo esta sabiduría. Para descubrir como llegó a serlo, tuvo que desenrollarse energéticamente. Tuvo que disgregarse a su forma más simple para poder entender en realidad su propia magnificencia. Una vez que alcanzó el nivel más simple, se aferró a su memoria y comenzó a traer todo al nivel conciente. Hablé por casi dos horas y expliqué los varios niveles y dimensiones que debieron ser creados para lograr esta hazaña. A medida que recordaba cada nivel, este recogía toda la experiencia que contenía y la traía al próximo nivel. Decidí seguir con este proceso todo el camino, hasta llegar al nivel humano y ser un instrumento activo para ayudar a la Energía Suprema. Aún cuando estaba comunicando toda esta información, en la parte mas profunda de mi mente no podía creer lo que decía y sentía.

Finalmente, el señor que me estaba haciendo la regresión, sintió que había estado hipnotizado demasiado tiempo y era hora de terminar el proceso. Era importante regresarme al nivel consiente, especialmente debido a la enorme cantidad de energía que yo describía había a mi alrededor. Debido a esa energía tuve problemas en salir de la hipnosis. Pasaron aproximadamente quince minutos antes de que sintiera que regresaba a mi cuerpo físico, que oyera mi propia voz, que respirara profundamente y que abriera los ojos. Diez minutos más tarde pude abrirlos pero no podía ver. Todo lo que podía ver eran vibraciones de luz, minutos después veía formas y figuras pero sin detalles. Casi media hora mas tarde fue cuando pude hablar de nuevo y sentir que mis sentidos habían regresado. Todos en la habitación estaban completamente en silencio cuando pude finalmente ver sus cuerpos y visualizar sus caras. Todos temían que algo me había pasado por la demora en recobrar el conocimiento, pero también estaban asombrados con toda la información que les había dado.

Me desconectaron el micrófono de mi camisa y comenzaron a retroceder la cinta para asegurarse que toda la información había sido grabada. Realmente en los párrafos anteriores solo compartí un pequeño porcentaje de lo que en realidad compartí con el grupo esa noche. La cinta grabadora se atascó y los pequeños mecanismos que son los que en realidad grabaron la cinta estaban bien calientes. Después de una revisión detallada, descubrimos que algunas de las partes parecían haberse derretido. Pudimos sacar la mayor parte de la cinta, pero aparentemente la energía del lugar al cual había ido fue tan grande, que creó un corto circuito desde mi cuerpo al micrófono y del micrófono a la grabadora. Esta energía fue la causante de destruir parte de la cinta y de arruinar la grabadora que nunca mas sirvió.

Esa noche después de esa regresión mi vida cambió por completo. Todo el conocimiento acerca de los niveles o dimensiones que mencioné, continuaron llegando a mi mente consciente. Hoy en día continúa pasando. Lo que en realidad he querido dar a conocer aquí es que su Dios, su Fuente, su ser Superior o cualquiera que lo sea para ti, es el nivel más alto de amor que te puedas imaginar. El nivel de amor que sentí esa noche en ese experimento nunca se ha repetido en ninguna de mis experiencias psíquicas y espirituales desde ese día. El nivel de amor que nos brindan nuestros ángeles Guardianes es grandioso, pero no se puede comparar con el nivel de amor de nuestra Energía Suprema. ¡Estos ángeles son una extensión de esa Energía Suprema y también lo somos nosotros! Cada uno de nosotros somos una partícula, un elemento, una conexión poderosa de todo lo que es y lo que será. Cuando en realidad ustedes puedan entender lo que estoy diciendo, podrán realmente entender el valor de su propia existencia individual.

El mensaje principal de nuestro Guardián a la humanidad es que somos parte de la pureza de Dios. Ellos quieren que reconozcamos la importancia de nuestras vidas y especialmente la importancia de las experiencias que vivimos diariamente. Somos el primer nivel en forma de vida, con pensamiento consciente que empieza el camino de regreso hacia la Fuente. A medida que nos acercamos al reino espiritual y nos liberamos de nuestras limitaciones físicas, habremos comenzado el ciclo para convertirnos en uno de nuevo. Es por eso que tantos otros niveles dimensionales se están fijando en lo que pasa en nuestro planeta. Somos los valientes que finalmente estamos evolucionando a un nivel más alto de conciencia. Finalmente, nos estamos dando cuenta que no tenemos que regresar a otra vida física una vez que sintamos que nuestra alma ha conseguido toda la experiencia humana posible. Una vez que completemos esta convergencia como un solo planeta, llegaremos al próximo nivel y así sucesivamente con otros niveles, hasta que todas las formas de vida conscientes se reúnan con la belleza y el amor de Dios.

El entender y apreciar tu propia vida ha sido siempre el propósito primordial o la tarea principal que nuestros ángeles Guardianes que han tratado de enseñarnos. Desde el comienzo de la humanidad, estos seres celestiales han tratado de ayudar a amarnos a nosotros mismos de tal manera que no tengamos que seguir sufriendo. Podemos como grupo juntar todas nuestras experiencias, llevarlas al nivel espiritual y comenzar esta evolución extraordinaria. Pero esto requiere que cada uno de nosotros participemos como una unidad o esta transición no ocurrirá. Para completar este proceso, cada una de las almas debe evolucionar, de manera que tu eres parte integral de este plan. Tenemos mucho trabajo por hacer, y muchos de nosotros no veremos los cambios mayores en nuestras vidas. Necesitamos empezar a sembrar las semillas para los que nos van a seguir. Todos somos responsables de llevar nuestra propia carga, así sea en esta vida o en las próximas diez. En la medida que llevemos nuestra propia carga comenzaremos a levantar las cargas de otros y nos ayudaremos el uno al otro para alcanzar una meta común.

Cualquiera que sean las palabras en este libro que resuenen en tu corazón y en tu alma, permíteles que sean las primeras palabras conscientes que te den la voz de alerta y que te permitan que seas sensible al proceso que ya está ocurriendo dentro de la humanidad. Permite que el amor incondicional de tu Guardián ser una extensión del amor incondicional que le puedes dar a tu prójimo. Permítete a ti mismo ser parte del proceso que eventualmente unirá a todos nuestros corazones en un flujo de amor y majestad que muchas formas de vida en muchas dimensiones esperan ansiosamente. Toda persona en este mundo, sin importar su ocupación, creencia o nivel social, está agrupado subconscientemente en este bello plan. A medida que vayas descubriendo maneras de traer este amor e información a tu nivel consciente diario, puedes apresurar el proceso para todos nosotros.

Nuestros ángeles Guardianes desean que tomemos la iniciativa para crear cambios positivos en otros y en nosotros mismos. Comienza a tomar la responsabilidad que te han dado como cocreador de este planeta y únete para que el amor sea el que conquiste al temor. Date cuenta que este proceso no se puede realizar sin la ayuda de todos. Como todos somos una extensión de esa Energía Suprema, todos llevamos un elemento esencial para completar este ciclo. A medida que nuestras energías comienzan a escalar, haz un intento de usar tus propias habilidades, de manera que así también puedas ayudar a los que se encuentran a tu alrededor. Hagamos de nuestras vidas lo mejor posible, respetando las energías de todas las formas de vida y las similitudes y diferencias que todos tenemos. Necesitamos también respetar al planeta y cuidarlo, así como él nos ha cuidado desde el principio.

No importa cuan difícil sea el camino, nunca lo harás solo, ni ahora ni nunca. Aprende a hablar y a comunicarte con tus ángeles Guardianes, así como lo harías con tu mejor amigo. Rompe todas las barreras de comunicación para que puedas comenzar a sentir el amor y el bienestar que tu Angel está dándote constantemente todos los días. Recuerda que todo comienza con el amor propio, el descubrimiento de uno mismo y el deseo de ser el ser espiritual que siempre has sido. Mira a tu alrededor y tómate tu tiempo para ver y revisar tu vida, tus logros, tus temores y tus metas. Permítete liberarte de esos temores y probar nuevas aventuras. Hazte sensible a tu propósito en esta vida, confía en tu corazón y en tus instintos y sigue tus sueños. Tú no has perdido nada de tu tiempo. El tiempo por venir puede ser más directo, prometedor y significativo. Que el amor con el que se hizo este libro, te provea con el párrafo inicial de tu propio libro de la vida. Comienza tu viaje en compañía de tu Angel Guardián y siente y experimenta realmente todo lo que puedas en tu vida. Te deseo un viaje maravilloso, rodeado totalmente de amor y sin temores.

Mencioné al principio de este libro que los ángeles Guardianes me dieron otros mensajes, algo que compartiré en otra ocasión. Muchos de estos mensajes tratan de eventos futuros y cambios en áreas como el de la religión, gobierno, educación, estructura familiar, nuevas dimensiones, tecnología, comunicación y muchas otras. Compartiré información acerca de viejos ayudantes que nos han estado asistiendo por algún tiempo, como por ejemplo los extraterrestres. En mi propio viaje, he tenido el placer de conocer a otros maestros y estudiantes, que han confirmado muchos de los mensajes que he compartido en este libro y que han ratificado que nunca dejamos de aprender. Necesito continuar mi trabajo, no solo con los ángeles Guardianes, sino con la humanidad en general. Extendamos nuestras alas y toquémonos los unos a los otros a medida que volemos juntos a nuestro hogar que nos espera con amor.

Acerca del Autor

Después de veinte años de servicio como Ejecutivo de Empresas, el autor dejó su empleo para dedicarse a la pasión de toda su vida de enseñar, sanar y trabajar con la humanidad para el entendimiento de la verdad espiritual. Martin Crespo desde niño tuvo el don del psiquismo y la habilidad para sanar. El superó su miedo a ver espíritus y ángeles y con su habilidad a la edad de doce años, pronto aprendió que su vida no seguiría un curso normal.

Hoy en día Martin ha combinado sus talentos y es profesor adjunto de Metafísica y Curación Espiritual los cuales desempeña a nivel Universitario. El ha aparecido muchas veces en programas de televisión de habla hispana, demostrando sus habilidades al conectarse con los Angeles Guardianes durante la programación. Sus trabajos también han sido publicados en revistas como Cosmopolitan, Ocean Drive y también en algunos periódicos. Miles de personas lo han visitado para consultas privadas en las cuales él las ayuda a descubrir las sendas de sus vidas, e inicia la liberación de sus bloqueos físicos, emocionales y espirituales. Hoy en día Martin Crespo da lecciones y talleres, como también continúa haciendo consultas personales para clientes que vienen del mundo entero. Actualmente Martin Crespo vive en Miami con su esposa y hijo.

Printed in the United States
113230LV00004B/166-264/P